中国父母应该知道的

100个

儿童阅读关键问题

父母必读杂志社　编著

北京出版集团公司
北京出版社

图书在版编目（CIP）数据

中国父母应该知道的·100个儿童阅读关键问题 / 父
母必读杂志社编著. — 北京：北京出版社，2017.4
ISBN 978-7-200-12961-8

Ⅰ．①中… Ⅱ．①父… Ⅲ．①阅读 — 儿童教育 — 家庭
教育 Ⅳ．①G781

中国版本图书馆CIP数据核字 (2017) 第081951号

中国父母应该知道的　100个儿童阅读关键问题

ZHONGGUO FUMU YINGGAI ZHIDAO DE 100 GE ERTONG
YUEDU GUANJIAN WENTI

父母必读杂志社　编著

*

北 京 出 版 集 团 公 司
北 京 出 版 社　出版
（北京北三环中路6号）
邮政编码：100120
网　　　　址：ｗｗｗ.ｂｐｈ.ｃｏｍ.ｃｎ
北 京 出 版 集 团 公 司 总 发 行
新 华 书 店 经 销
北 京 市 雅 迪 彩 色 印 刷 有 限 公 司 印 刷

*

787毫米×1092毫米　16开本　6印张　95千字
2017年4月第1版　2017年4月第1次印刷
ISBN 978-7-200-12961-8
定价：29.80 元
如有印装质量问题，由本社负责调换
质量监督电话：010－58572393

序言 | 选好书，读不厌

　　如果孩子的阅读是从你们的亲子共读开始，那你就为孩子开启了同游精神世界的幸福之旅。这本书将陪伴你们的旅程，为你们提供助力。

　　和宝宝一起打开一本精美的童书，你的声音、他的回应，被书中的故事牵引着，你们的心灵得以并行和交流。这是何其珍贵的时刻，在生命的长河中转瞬即逝，一定要珍惜呀！

　　生活中，常常有年轻父母问："推荐一下吧，我该怎么给孩子选书好呢？"在这本书中，我们针对不同年龄的孩子，为父母提出了不同的选书建议，但归结起来，我觉得不外这"三好"：好图、好文、好内容。

　　好的童书，首先要有精美的画面，看上去赏心悦目，会越读越喜欢，而且我相信孩子多读这样的书，审美水平会提高。

　　有文字的童书，首先要文字优美流畅，读起来朗朗上口。亲子共读时，父母读着顺，孩子听着也过瘾；孩子自己读时，这些文字就是他最好的语文启蒙。

　　好的童书，会注入创作者超越时空的智慧，抑或在惊奇中引导孩子探索一个又一个未知的世界；抑或在幽默中引领孩子面对成长中的磕碰；抑或以感人的故事为孩子的心灵成长提供滋养……总之，一本好的童书要符合孩子的身心发育需求和童年的阅读兴趣。阅读，不仅仅是读文字，而是读一个完整的作品带给我们的整体思想内容。有些书没有文字，我们一样可以读到作者的智慧，感受到作品的震撼。

　　在选书的过程中，父母可以关注出版社的专业性、书的装帧质量、作者的知名度或相关获奖信息，这些可以帮助你把住出版质量关。但更重要的环节还是翻阅和试读。你和孩子的阅读感受，会决定一本书到家后，是百读不厌，还是成为书柜中的陈列品。

父母必读养育科学研究院　院长

目录

第五章　　选书，年龄不是界   83

第一章

0～1岁亲子阅读

最常问的问题

　　我的孩子快满月了，从孩子多大开始可以给他讲故事呢？我希望尽早培养孩子良好的阅读习惯，有什么实用的高招儿吗？我每天都很忙，没时间给孩子念书怎么办？

1. 这么小的孩子，会读书吗？

问：我的宝宝刚出生，先生就兴冲冲地抱回来一大堆书，什么卡片、挂图、画册、看图识字等杂七杂八还挺全。他是不是太心急了点儿？这么小的孩子，会读书吗？

答：一提到读书，很多家长就会想到识字。但是，对于幼儿来说，阅读绝非单纯的识字读书。心理学家和教育专家普遍认为，婴幼儿凭借色彩、图像、父母的语言及文字来理解以图画为主的婴幼儿读物的所有活动都是阅读活动。也就是说，对于年幼的儿童来说，只要是与阅读活动有关的任何行为，都可以算作阅读。刚刚满月的孩子，抓着一张卡片，咿咿呀呀地玩着，甚至在咬……是一种阅读。妈妈一手抱着孩子，一手翻着一本图书，对孩子说："宝宝，你看，这是一只小狗。"孩子却只顾着自己用小手拍书，拍得越重越开心……是一种阅读。看见大人坐在沙发上看报纸，孩子也拿起报纸，学着大人的样子，装模作样地看，但报纸却拿反了……是一种阅读。

3岁的孩子与父母一起上街，看到自己认识的字，兴奋地说："妈妈，这是'一'，这是'儿'，我也认识……"也是一种阅读。

孩子假装看得懂电话簿，拿着翻来翻去、煞有介事地阅读，甚至口中念念有词。发现其中有好多个"李"字出现。问妈妈："这里怎么都是我的名字？"……还是一种阅读。

事实上，人们通常所说的阅读，指的是成年人看书的一种行为习惯，而这种阅读习惯需要经过长期不断地练习才能养成。在养成这个阅读习惯之前，我们并不能说与正式阅读有关的一些准备活动都不能算阅读。因此，对于儿童来说，阅读不仅仅是视觉的，也是听觉的、口语的，甚至是触觉的。

2. 给孩子看黑白的还是彩色的书，距离多远看呢？

问：听说给宝宝看什么也要考虑宝宝各个阶段的视力发育，我的宝宝两个月。书店针对0～3岁宝宝的大卡片、看图识字画册种类非常多，看得人眼花缭乱，该怎么给孩子挑选啊？该给他看黑白的还是彩色的，该把书放多远的距离呢？

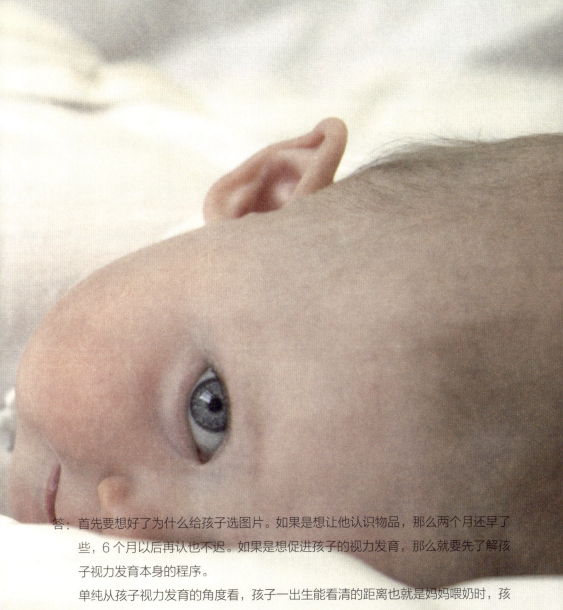

答：首先要想好了为什么给孩子选图片。如果是想让他认识物品，那么两个月还早了些，6 个月以后再认也不迟。如果是想促进孩子的视力发育，那么就要先了解孩子视力发育本身的程序。

单纯从孩子视力发育的角度看，孩子一出生能看清的距离也就是妈妈喂奶时，孩子的脸到妈妈的眼睛的距离。其他更近或更远的东西，孩子可能都看不清。这种状态会随孩子的长大而改善，一般来说，孩子在 3 ~ 4 个月时开始分辨颜色，然后是越来越准确地判断距离，视敏度也在这个过程中提高。而且这是随着孩子对眼睛的恰当使用而提高的。

因此，简单地说，选择比较大一些的（孩子的拳头大小）、边界清晰的图，放在离孩子 30 厘米左右的地方，孩子就可以看见了。

要记住，这种固定的近视距地看图片，可不是看得越久越好。即便是孩子喜欢看，看久了他也会累的。父母要适时地把他的视线引开，让孩子看看别处。其实生活中的实物都是发展孩子视力的好材料。如果我们能够不厌其烦地告诉孩子出现在他视野中的东西是什么，对他认识事物无疑是最有效的。

3. 妈妈都不敢看的图片可以给孩子看吗？

问： 一些图片特别逼真的动物卡片和书，我都不敢看，比如蛇，能给孩子看吗？还是留着以后给孩子看？

答： 大人和孩子的反应是不同的，不妨让孩子自己试一试。人的畏惧心理往往是从经验中来的，你怕蛇，是因为你有这类怕的经验，也对蛇有些了解，但孩子可能根本就没有这种经验。不过如果妈妈真的不喜欢，也完全不必勉强自己。比如，换孩子的爸爸去拿给孩子看，也是个好方法。

4. 从孩子多大开始可以给他讲故事呢？

问： 我的孩子快满月了，从孩子多大开始可以给他讲故事呢？

答： 讲故事没有什么绝对的时间界限。这应该是一件很自然的事。一开始，你可以在孩子清醒、安静的时候，读上一小段自己喜欢的文字。也可以随着孩子的视线，给他讲一讲他正在看的东西。

等他长大一些后，你可以给他看卡片，边看边讲。这时，虽然孩子还不会说话，你只要拿书，他就会有反应。他指一指画面，也许就是在问："这是什么？"你就可以自然地开讲了。也许父母们都在还不知道应该什么时候开始的情况下，就自然地开始了。其实，讲故事不必搞得那么严肃，随时随地都可以开始。

在孩子出生后的前 4 个月开始大声读，你会感觉很容易！你只需满心欢喜地读或背给他听，不必担心他爬来爬去，心不在焉。随着孩子活动能力日益增强，要想吸引他的注意力会变得越来越不容易，除非是已经养成了倾听大人的习惯。所以，为孩子大声读书的活动应该尽早开始。

5. 每次读多长时间合适？

问：我每次给宝宝读书的时候，他不是在看自己的手，就是来抓我的书。我想知道每次读多长时间合适？

答：每次给几个月的婴儿读多长时间，并没有一个严格的时间界限。3分钟可以，5分钟也可，10分钟亦可。时间长短是要根据宝宝的情况调整的。但是，一次读20分钟，一般来说就显得长了些。

有的时候，宝宝的情绪也会告诉你他是否还想听。如果他在你的读书声中很安静，那么你不妨多读一小段。如果他用各种办法来吸引你的注意，那么你最好快快停止，去看看宝宝有什么需要。还有一点不要忽略，就是孩子的注意力区间。孩子在成长过程中，注意力集中的时间会慢慢延长，任何一种活动，超过了孩子正常的注意力区间，孩子自然无法接受。所以亲子阅读的时间不宜一味加长，适度就行。如果刚刚开始，一次能有3～5分钟就可以了，随着孩子长大再自然延长。

6. 什么时间陪宝宝读书最好？

问：我在什么时间陪宝宝读书最好？是晚上还是白天？

答：亲子阅读之初，时间的选择也很重要。一般来说，应该选择孩子比较容易安静的时候，多数人选择在睡前，因为这种时候孩子相对比较安静。每个孩子的情况不同，具体时间可以视情况而定。但建议最好能选择每天大致固定的一个时间，到了某个时间就进行亲子阅读活动，有点儿像是一个仪式。当然，我们应该让亲子阅读变成日常生活中最快乐的一种仪式。

7. 孩子不喜欢和妈妈一起读书怎么办？

问：孩子快1岁了，给他读书的时候，他还是根本不理会，我读我的，他玩他的。我该怎么办？

答：不妨改变一下读书的方式，让阅读的过程更为游戏化，适当增加一些身体接触，帮助他集中注意力。比如，把孩子抱在腿上，指着书上的人或物，告诉孩子他们是谁，他们之间发生了什么事。然后，鼓励他用小手点出来，或者说出来：这个小动物是谁啊？或者，谁在哪里啊？他们怎么啦？刚开始的时候，孩子可能总说得毫无头绪，但多鼓励孩子："嗯，真不错！""恭喜你，答对了。"逐渐地，孩子就会慢慢地喜欢上书，会更好地参与进去。

8. 如何尽早培养孩子良好的阅读习惯？

问： 我希望尽早培养孩子良好的阅读习惯，有什么实用的高招儿吗？

答： 对于培养阅读习惯有多种建议，下面介绍几种轻松、实用的美国阅读专家的建议。

第一，创建阅读仪式：留出一段特别的时间作为每日读书时间，把和孩子一起选择"每日一书"变成惯例，然后坐在一个专门的位置读书。

第二，依偎：找一个安静、舒适的地方读书，让孩子紧紧依偎着你，也可以让孩子拿着一个喜爱的玩具，或者是揽着他喜爱的被子。

第三，富有表情地读：注意韵律和节奏，每个角色用不同声音，不要用"娃娃腔"。

第四，谈论图画：一边指着颜色、形状、小动物或其他有趣的东西，一边谈论。

第五，分享不同类型的书：色彩明快、文字简单的图画书能很好地吸引孩子的注意力，韵律美妙的歌谣能让孩子感到满足开心，辨识物品、动物、颜色、数字、文字的书能让孩子获得基本的概念。还有诸如翻翻书、立体书那样的玩具书，可以让孩子与故事互动起来。

第六，重复读书：婴幼儿喜欢一遍又一遍重复地听。反复读一本书，可以帮助孩子对一些常用词汇熟悉起来。

9. 获取信息的渠道这么多，童书真的很有必要吗？

问： 我小的时候，家庭条件不好，几乎没看过什么童书，成长得也不差。而且现今电视、网络获取信息的渠道这么多，童书真的很有必要吗？

答： 没有童书，当然照样能长大。原始社会的时候人们没有衣服，我们的祖宗照样一

代代地活了下来，而且还发明创造了衣服。

社会环境变了，我们的孩子会生活在未来，但是如果我们只给他一个真空的现在，什么都留给他到未来再接触，那么他的未来就太累了！

暂且不说儿童故事或寓言中蕴含的幽默与哲理，单是那些清新的画面、优美的文字中，就凝聚着人类上万年的智慧。让孩子在轻松、美好的氛围中去传承以往，他们的未来之路也会走得更踏实、更轻松。

当然童书的作用也不光是帮孩子拓展对世界的认识，童书本身就会给孩子、给父母带来许多享受，让大家有不一样的生活品质。

10. 没时间给孩子念书怎么办？

问：我每天都很忙，没时间给孩子念书怎么办？

答：一册图画书，5 ~ 10 分钟就能读完。所以最关键的是父母是否有给孩子读书的愿望。在这样亲子共读的时间内，共同体验，对孩子和父母都是一种满足，这印象将一直铭刻在孩子心里，并将发展为人际交流的纽带。有时候，我们是否有时间做某件事，和我们对生活的理解、对这件事的理解有关。有时候，生活也确实让我们觉得身不由己。

当生活中的许多事情都难以改变时，也许我们最该想的是为什么要给孩子读书。想清楚目标，我们就可以为每个目标找出替代的方法来。当然这需要我们把书的概念扩大。路边的广告牌、商品的外包装上都有我们可以和孩子一起读的内容。身边的每一件物品、每一件不起眼的小事都可以进入我们故事的角色。于是，边走边读、边做读都会为我们弥补难以静下来为孩子读书的缺憾。

11. 多大的孩子可以看电视或 iPad？

问：多大的孩子可以看电视或 iPad？能看多久？

答：虽然许多医生都说不要让孩子看电视太早，但多大开始可以看，还没有明确的答案。一般来说，当孩子的视力发展到能看清 2 米以外的东西，而在这个环境中又有电视可看，孩子就会不由自主地去看，因为电视的声光配合，对孩子来说有着比其他信息更强的吸引力。

孩子的自控能力差，所有的肌肉都处于发育阶段，不宜长时间紧张，因此作为父母，最重要的还是让孩子有经常变换的活动，而不要让孩子的视觉距离总是不变。通常认为3岁以内的孩子看什么都不宜超过10分钟，但其实是年龄越小时间要越短。在3岁以前，有些孩子看似注意力不集中，其实是自我调节的表现，大可不必担忧。另外，看电视是被动地接受信息的过程，不像读书，孩子是主动地、按照自己的节奏和速度来加工信息，因此有些学者担心习惯看电视的一代会比较被动，缺乏想象力，思维不够深入。中国台湾教育专家黄乃毓博士就曾经提出了"在孩子接触童书之前不要看电视"的说法。

12. 是不是要等孩子学会爱惜书之后再买？

问：孩子太小，会把书弄坏，是否需要等他长大一些会爱护书了再买？

答：　"爱护"一词，首先是爱，是喜欢，然后才是护，是能力。没有爱，哪里还谈得上什么护呢？

从让孩子爱书这点出发，让孩子接触书，一般来说是多早都不嫌早的。如果你要等他大一些会爱护了再买书，恰恰是不可取的。因为，如果孩子一直都不接触书，怎么能够突然会爱呢？

但是由于孩子的能力在发展中，在孩子的不同年龄阶段，怎么接触书、接触什么样的书都是有讲究的。

开始，孩子还不知书为何物，父母的读书声，便是给孩子带来书的印象的第一步。当孩子的手能够有目的地去摆弄东西时，那能让父母读出好听的声音，且吸引着父母的目光的书，便成了孩子争抢的目标。由于他们并不了解纸张的性质，也不知道书一旦撕了内容也就破碎了，更不知道用多大的力量会把书撕坏，如果让他们接触的是普通纸质的书，必损无疑。但是如果我们让孩子接触的是专为婴儿设计的布书、塑料书，或厚卡纸做的书，就不那么容易撕坏了。

阅读加油站

怎样为 0 ~ 1 岁的孩子选书？

在最初的 4 个月，对婴儿来说，最重要的是爸爸妈妈的声音，大人读什么书都没问题，只要是自己特别喜爱的，能够在读的时候充满爱怜与温情就行。相比之下，节奏明快、韵律优美的读物是首选。当孩子渐渐长大后，他会努力在各种事物中建立联系，颜色鲜明、图画清晰的卡片或书会给孩子留下深刻的印象。大人在给孩子指认的同时发出声音来，就是在帮助孩子建立这种联系。在 1 岁以前，大多数孩子还不会说话，我们可以选择能对他的视觉和听觉产生深刻而美好印象的读物，比如卡片、认物画册、玩具书等。在语言上，最好能选择有韵律的文字，比如简单的童谣、儿歌、唐诗等。

如果选择图画书，务必选择线条简朴、颜色和谐的，画面千万不要复杂。在这个阶段，要着重培养孩子听和关注的习惯，最重要的任务是让孩子在建立这些联系的同时获得美好的感受。在这里，给父母一些小贴士。

● 推荐的书目侧重于亲子阅读视角，而且仅仅起一个示范的作用，更多好书还需大家自己去发现。

● 书目中的年龄只有非常有限的参考价值，给不太了解童书的家长提供基本的参考，真正的好书并没有严格的年龄界限。

● 同一本书，在不同的阅读阶段阅读，收获是不同的。

● 在儿童的阅读中，"听觉词汇量"一般远大于"视觉词汇量"，比如小学低年龄段的孩子可以自己阅读的书，通常也是可以读给 3 ~ 5 岁孩子听的。

● 关于提高语言能力、培养好习惯等内容的分类也只是为了让家长更直观地了解一本书的主要侧重，一本书的内涵可能很丰富，包括了各个侧面。

第二章

1～3岁亲子阅读

最常问的问题

　　怎样能让孩子喜欢书？我的孩子1岁9个月，给他读书时，他总抢大人的书，如何"防备"？孩子为什么会要求反复听同一个故事？多大的孩子能听无图或少图的童话书？为孩子选书到底该听谁的？

13. 怎样让孩子喜欢书?

问: 现在孩子能接收的信息越来越多,比如网络、电视、电脑等,在丰富多变的信息的冲击下,怎样让孩子能选择书并爱上书呢?

答: 想让孩子喜欢书,并不难。孩子向来是求知欲旺盛、以自我为中心的。如果一个孩子觉得看书是件特别有趣、无比快乐的事,那根本不用大人嚷嚷"快看书",不需要特别引导,孩子自然会一本接一本地看下去。不少家庭为了让孩子能早早地独立看书,从幼儿期就开始教认字,其实要想让孩子变得讨厌书,没有比这种方法更有效的了。父母给孩子念书本身就让孩子欣喜,若再加上故事是孩子喜欢的,那孩子简直是欢天喜地了。所以要不断地一遍又一遍地给孩子念他喜欢的书,这种欢喜会深深地印在孩子的心里,即使大人都淡忘了,孩子也不会忘。这种欢喜将随着孩子的成长而引发出真正的读书乐趣。

14. 怎样才能让孩子既看书又不撕书呢?

问: 从儿子几个月起我就买了一些图画书,翻给他看,讲给他听。他现在 1 岁两个月,有时也能安静地和我一起看,可他总要自己拿自己翻,常常会将书撕破。怎样才能让他既看书又不撕书呢?

答: 这么大的孩子撕书很正常,他们一般不是有意破坏,而是想参与,往往控制不住。这个阶段一般会自然过去。对撕书一般可采用这样几种对策。

- 选择撕不烂的书。如硬纸板书或泡沫材料的书。
- 多准备补书的材料,如胶水、透明胶等,在补书的时候也请孩子来参观。另外,如果孩子觉得撕纸很有趣,可以多提供一些废弃的纸,让孩子撕个痛快。
- 为孩子做爱护书的表率。大人对待书的方式往往对孩子有很大的影响作用,孩子会模仿。比如,拿书的时候小心注意;对待书就像对待活物一样轻声轻语,"嘟嘟熊到哪儿去了",出去玩的时候说"跟嘟嘟熊说再见"。渐渐地,孩子就会潜移默化地爱护书。

每次成人买来新书,不妨让孩子和你一起来观赏(虽然不是他的书),一本一本

地翻，很整齐地放好，稍微落了尘土就拿干布擦一下。只要大人多做表率，孩子就会爱惜书的。

15. 如何为孩子选择第一本书？

问：我的孩子 1 岁半了，怎样为他选第一本可以翻阅的书？适合他的系列读物是什么？

答： "小鸡球球成长系列图画书" "小波系列翻翻书" "猜猜我是谁系列套装" 《宝宝认知百科》 "小圈圈认知丛书" （6 册）及《小酷和小玛的认知绘本》等，这些书可以带着孩子一起读一起玩；读给孩子听的主要还是童谣、儿歌类的最为合适，比如《百岁童谣》（全 5 册）、《童谣三百首》（新版带光盘）、《儿歌三百首》（新版带光盘）。

有一定基础以后，大致从 18 个月开始，孩子的阅读由纯认知逐步过渡到对简单的线索连贯故事的阅读需求，这个时候像"噼里啪啦系列丛书" "小熊布迪系列" "淘气宝宝系列" "可爱的鼠小弟系列绘本"等还是比较合适的。

16. 请问买价格贵的图画书值吗？

问： 近来书店卖的图画书越来越多，大都是翻译的，虽然很精美，但故事少、价格贵，请问买图画书物有所值吗？图画书对孩子有什么好处呢？

答： 要想培养一个内心世界丰富的孩子，父母一定要用心地给孩子读图画书。凭借一册图画书，父母和孩子一起高兴、一起笑，身体相偎依，体验同一种心情，这样父母与孩子的纽带就会加强，同时孩子能借此感知语言之美和趣味，渐渐地体会很多词语的意味。

虽然 2 岁左右的孩子最感兴趣的是呼唤性的、多次重复的词语以及充满节奏感的词语，但与这个年龄段的孩子交流时，需要的是用真心，而不能光是凭借甜蜜的或太刺激的语言。这一点绘画也一样，孩子掌握语言关键是能否把语言在心中描绘出具体的形象，所以孩子在读图画书时，看到精确描绘故事语言的画，对于孩子来讲至关重要。

17. 孩子为什么会反复听同一个故事？

问： 我儿子近几个月迷上一本书，都听上百遍了。孩子为什么会要求反复听同一个故事？而且对那本书他已经很熟悉了，读错一个字他都会纠正我，可他还是不愿意自己讲故事。请问我该怎么办？

答： 喜爱重复是孩子的天性，这是孩子的正常反应。在重复阅读一本书的活动中，孩子感受到的是一种可以期待的愉悦、一种安全感，我们没有理由去剥夺。另外，重复阅读也是一种有效的学习。您可以继续为孩子读下去，同时也可以试着给孩子读别的书，逐渐将孩子的兴趣引导得更开阔。而且，可以换不同的方式给孩子读，在读的过程中增加一些互动，引导孩子自己将故事讲出来；还可以换不同的人，比如请爸爸、爷爷、奶奶来为孩子读。这样就能脱离机械重复的思路，从细节着手寻求变化。同样一个故事，可以有完全不同的讲法，给孩子讲故事更讲求参与和互动。如果孩子对某个故事烂熟于心，讲故事的人可以在讲的过程中抛出疑问，设置停顿，让孩子一颗充满期待的心处在短暂的悬疑状态，他极可能会迫不及待地自己嚷出来。随着故事一环一环地展开，你会发现，原来讲故事的人已经变成孩子自己了！

18. 妈妈可以用自己的语言改编故事吗？

问：我的儿子两岁半了，我发现比起一字不差地念故事，他更喜欢我用自己的话为他讲故事。可写故事的人字字句句认真斟酌过，应该更符合孩子心理啊。我到底该不该用自己的话讲呢？

答：其实念故事和讲故事其根本都是要把故事用口语传达给孩子。有的孩子喜欢让父母讲故事，其实也没有什么不好。因为讲故事的时候你的语音、语调、语速、节奏和其中透出的情感成分都会帮助孩子加深对故事的理解。

另外，有些书中的文字会超出孩子当前的理解力，而天天接触孩子的父母却完全有能力把同样的意思用孩子能理解的话讲出来。这样，孩子能够欣赏到的故事的范围就相应地扩大了。

当然，给孩子按照书念故事也有好处。比如，孩子会知道，爸爸或妈妈此时讲出来的话和书上的某些符号是相对应的；这些符号和旁边的图画，还有爸爸或妈妈读的东西实际上是一回事儿；爸爸或妈妈讲的故事并不只属于爸爸妈妈，而是属于这本书……于是孩子便在这种读书声中会自己去揣摩"文字"这个概念中的某些内涵。日复一日地读故事，也许会让孩子未来的读书识字之路走得更顺畅些。

19. 如何让孩子静下心来读书？

问：我的孩子两岁了，没办法静静坐下来把一本故事书听完。遇到这样的情况该怎么解决？

答：当发现孩子似乎"有问题"时，是否能换个角度设想一下：孩子一切正常。然后回头再看问题在哪里。大人对孩子的期望，与孩子的发展状况，很像是一对参照系。就好像是两辆并行的车，这部车走快了就觉得那部车走得太慢。而反过来，如果把期望调低一点儿，就会惊奇地发现，原来孩子进步很快。还有一点应该坚持：不必拿别人家的孩子做参照系，更不宜掐着成长的时钟来比较。每个孩子都有自己的成长曲线。总体上有个正常与否的参考，但也只是参考。具体说到孩子读书的事情，两岁的孩子，读书时间不宜太长，每次能坚持 5 分钟就算挺好的，孩子自己要延长自然是好的，但适当保持新鲜感、饥饿感，反而事半功倍。

20. 如何防止孩子总抢大人的书？

问： 我的孩子 1 岁 9 个月，给他读书时，他总抢大人的书，如何"防备"？

答： 在这个阶段，书对于孩子更像个玩具。妈妈拿着书读，孩子觉得这个东西很好玩，想要自己玩，自然会抢的：大人能玩，我为什么不能玩？ 就阅读而言，这个阶段的目的就是培养孩子对书的亲近感，只要能实现这一点，应该多给孩子些自由。
"防备"孩子抢书，有这样几点实用的建议：

● 塞个东西给孩子，漂亮的小画册或小玩具什么的——妈妈读你的，孩子玩他的。如果塞给孩子的是书就更有趣了。可以孩子抢妈妈的，妈妈抢孩子的，一会儿读这本，一会儿读那本。

● 妈妈做示范。常常在孩子面前读书，让孩子逐渐明白，"这样就是读书了"！

● 找一些不好抢的书。比如大挂图或特大开本的书，趴着看。把书的内容记熟。这个阶段孩子读的书篇幅都很短，大人读几遍就能记熟了，即使孩子拿着书也能讲。甚至干脆让孩子拿着书大人来讲，这样可以锻炼孩子配合着翻书页或指字。当然，这样做并不是要教孩子认字，只是让孩子建立书与"读"之间的关系概念。

21. 如何去引导孩子回答书中的问题？

问： 我的宝宝两岁多了，喜欢我读书给她听，但我发现好多内容她都不理解。我给她读的时候偶尔会问一些书中的问题，她一般都不会回答，也很不愿意回答，很着急地叫我继续读。我该怎么去引导她呢？

答： 可以用孩子喜欢的方式如角色扮演等把故事讲得更形象些，也可以和孩子聊一聊故事里有趣的情节，这样可以加强孩子对书的理解。还可以把一个故事多讲几遍，

然后故意讲错，看看孩子的反应，很多时候孩子会说"不对，不对"，纠正大人故意讲错的地方。但是如果讲故事时过多地给孩子提问题的话，孩子就会觉得听故事不是享受，而是一种负担了。在没有提问的压力下，孩子们会更容易接近故事本身，并能从中体会到大人无法体会到的乐趣。

22. 如何给宝宝进行阅读训练？

问：宝宝 1 岁 3 个月，会偶尔自己拿起书来翻。我想给宝宝进行阅读训练，应该怎样进行才不会引起他的反感呢？

答：想办法让孩子爱上书，比什么都重要。让孩子与书生活在一起，让他感受与书在一起时的快乐，就像有趣的玩具，像孩子喜爱的床单、被子，像温暖的阳光、花、草，像有趣的小动物，等等。生活中有很多美好的东西，书是其中必不可少的一部分。能让孩子感受到这点，就是最大的成功。

如果说到书本身，这个阶段的孩子刚刚学说话，特别喜欢模仿，而且喜欢发出各种各样好玩的声音，所以节奏感好、韵律优美、词意浅显的书肯定会受到欢迎，比如儿歌、童谣、唐诗等。童音唱的儿童歌曲也很受欢迎。图画颜色鲜艳、线条简单清晰、故事简明的图画故事书也会受欢迎。还有各种带有玩具性质的书，比如洗澡书、汽车书、手脚书、转转书、大拼版书等，也会让孩子感到很有兴趣。"训练"一词，我觉得现在还谈不上，不妨说与孩子"玩一玩"书。

23. 每次给孩子讲故事，多长时间合适？

问：我的孩子两岁半，我每天要给他讲 40 分钟左右的故事，是不是时间太长了？每次讲多长时间合适呢？他不是很注意听了，就该停下来吗？

答：两岁半的孩子，一次 15 分钟就可以了，一般这个年龄段的孩子的注意力区间就这么长。除非孩子自己提出要延长，但最好不要等到孩子待不住的时候再停止。最好是孩子说"还要讲嘛"，大人却说"不行啊，今天已经讲得够久了，我也好累了"。让孩子处于这种"半饥饿"的状态是有好处的。对于阅读处于"半饥饿"

状态的孩子，一方面更容易理解"阅读即享受"的意义，另一方面也会促使他自己想办法去"觅食"。

24. 睡前读书好不好？

问： 我家宝贝特别喜欢睡前故事时间，要求我讲四五个故事才肯睡觉。睡觉前给孩子读书好不好？睡前读书让孩子更兴奋怎么办？

答： 通常亲子阅读一开始会把共读的时间选在孩子临睡前，一来是因为阅读时间难安排，往往只能安排在临睡前，二来是因为这个时候孩子相对比较安静，希望从大人的声音中获得安全感。说白了，即使再调皮的孩子，在这个时候也比较容易控制。不过我们要特别注意，亲子共读的目的不是"哄孩子睡觉"。实际上，让孩子感兴趣的阅读会刺激孩子的语言发展，也只有不断刺激使其兴奋，才能真正达到阅读的效果。一般情况下，大多数孩子可以在睡前阅读之后安然入睡。如果某个孩子确实出现只要有睡前阅读就很难入睡的情况，可以改变这种阅读习惯，或者在睡前阅读时选择更容易让他安静的素材。

25. 讲睡前故事的时候一定要关灯吗？

问： 为了让孩子顺利入眠，我给孩子讲睡前故事一般关着灯，不知这样好不好？

答： 一般妈妈陪孩子睡前读的家庭比较多，读完了才进入睡眠程序。有的妈妈为了让孩子更顺利地进入睡眠程序，坚持关着灯，经常要讲着讲着，孩子就慢慢睡着。有时也不妨请爸爸承担睡前读书的环节，而后由妈妈陪着孩子进入睡眠。

还有一种更简单的办法，就是睡前读完故事后，履行一个睡前告别仪式，然后让孩子自己去睡，想开灯就开灯，想关灯就关灯，什么时候睡着都可以。有的孩子大了，睡前还会要求自己看一会儿书，父母可以跟孩子约定一个时间，到点就去负责帮孩子把书收好，然后道晚安入睡，形成习惯后孩子会很守信。

26. 书里有暴力情节时，妈妈该怎么做？

问： 我儿子两岁 10 个月，非常喜欢看书，但书里有一点儿暴力色彩的情节，如鸡掉到水里喊救命，大灰狼吃掉小羊这些情节，孩子就会哭，这正常吗？

答： 这是一种正常的表现，不过也可以慢慢引导孩子从故事中跳出来。一方面可能这样的孩子相对敏感一些，另一方面也说明他听故事听得很投入，他暂时还无法区分虚构的情感和真实的情感。一般来说，等孩子渐渐长大之后，这种情况会渐渐过去。我觉得大人可以先尽可能地避免选择读孩子感到太刺激的故事，也可以想想办法，在读这类故事的时候帮助孩子从故事中跳出来。

怎样帮助孩子跳出故事呢？可以尝试在讲故事的时候掌握节奏，到了孩子可能会感到有点儿刺激的地方，比如，小鸡掉到水里的情节，大人可以轻松甚至调侃地问个问题，请孩子猜猜后面发生了什么事情，孩子往往会把自己的愿望加进去，那么大人也不妨尝试根据孩子的愿望修改故事。同一个故事，其实可以变化出多个不同的结果，如果大人能引导孩子参与编故事，那么由孩子自己编出来的故事，自然更容易接受。

27. 当孩子突然不爱读书时，妈妈该怎么做？

问： 我家宝宝两岁了。从几个月开始我就给他读书，他听过不少书，曾经有段时间能一动不动听我给他读故事，能听一个小时，但最近突然不肯听故事看书了，连他最喜欢的书都很难引起他的兴趣了。到底是怎么回事呢？我该再给他选什么书读呢？

答： 孩子可能处于一个过渡期。也许这段时间他确实不太喜欢阅读这个活动，这也是正常的。可以坚持每天固定读 5～10 分钟，然后去做别的活动。两岁孩子的注意力区间不长，即使孩子能"一动不动"听一个小时，也不宜读那么长时间。读到孩子总是想要听但已经足够长的状态是最好的。

另外，也有可能是孩子的胃口大了，希望听稍微长一点儿，稍微"刺激"一点儿的故事，以前听过的故事有点儿"没劲"了。这也很正常。不过在这种状态下，让孩子直接接触长的新故事是有困难的。需要一点儿招数，比如把买来的图画书像商店橱窗那样陈列摆放。然后故意不读，诱导孩子拿来请你读。这个阶段的孩子多少有一点儿执拗，有时反过来做反而能成功。

28. 如何给孩子制订阅读计划？

问： 我的女儿两岁 5 个月，目前只对《婴儿画报》、贴纸书比较感兴趣，我想给孩子制订一个阅读计划，具体该怎么设计呢？

答：其实大人读书往往也没有什么很特别的计划，两岁多的孩子更未必需要很具体的读书计划。在制订计划时，至少要清楚：

第一，计划是必需的，因为没有计划就没有开始。

第二，计划本身就是需要被"否定"的，因为谁也无法计划"明天真的会发生什么"。

第三，越原则性的计划，越有可能落实。大致可为孩子这样设计"计划"：

● 她应该有好的阅读环境。这个环境不但很舒适，而且她待在那里会很开心；不但是指家具摆设，还指有人和她一起开心地读。

● 她应该有充足的阅读时间。既然阅读是一件很开心、很有益的事情，我们就应该积极地准备，不要用太多别的事情占用她的时间。

● 她应该有自己的"书架""图书馆"。这是一个人喜欢书的某种标志。

● 没有人会强迫她读或者不读某些书。因为真正的书虫总是按照自己的意愿来读书。不过书虫也喜欢交流，即使对孩子，大人也应该以朋友的身份来推荐书。

● 她应该有尽可能多的选择权去选书。包括允许她在经济许可的范围内在书店选择自己的书，提供条件让她到真正的图书馆去选书。

● 给她选择自己兴趣的自由，包括不读书。因为对于书虫来说，阅读是一件很开心的事情，但如果剥夺书虫的自由，她也会放弃这种幸福的。

● 为她提供尽可能多的与其他孩子和大人分享阅读快乐的机会。

29. 该给孩子多讲故事还是多让他看科普类读物呢？

问： 我的孩子喜欢看故事书，不喜欢看科普类读物，一看到科普读物就撕着玩儿。

该给孩子多讲故事还是多让他看科普类读物呢？

答：爱因斯坦曾经说过类似这样的话："想象力比知识更重要。因为知识是有限的，而想象力包括世界上的一切，推动着进步，并且是知识进化的源泉。"有一些父母，从来不给孩子或很少给孩子买故事书和讲故事，买书一般只买科普类和学习类的，也不主张给孩子讲故事，认为那些虚构的东西会导致孩子对现实生活认识不足。其实在给孩子讲各种有趣故事的同时，很多家长也都会有担心，担心孩子会只对文学类的书感兴趣，会影响他的理性思维，变得唯美和感伤。这种担心没有必要，我们更应该看到，一个从小就被剥夺浪漫情怀的人，即使他今后取得再出色的成绩，在精神上也会是很孤独的。

30. 孩子不喜欢看故事书怎么办？

问：女儿只喜欢听有韵律的歌谣或看图片，对故事书没兴趣怎么办？

答：有几个小建议：可以找有韵律的故事书，有韵律又好玩儿，两全其美。故事可以选择尽可能简单的，就是线索简单、人物简单、对话简单、图画线条和颜色相对简单。如果孩子要求反复读，不是坏事，尽量满足吧。每天能坚持与书接触的状态，读书活动不一定很长、很多。只要书成为生活的一部分，孩子便爱书。

31. 一定要买色彩鲜艳的书吗？

问： 童书的色彩各异，色彩鲜艳的一定比单色或色彩素净的图画书适合孩子吗？

答： 有人认为孩子喜欢色彩丰富、明亮的图画书，但孩子开始也许受这样的图画书吸引，但孩子不会满足于这种表面的乐趣。孩子的眼睛远比大人所想象的更敏锐。比如《可爱的鼠小弟》的插图几乎都是一色灰黑，却深受孩子们的欢迎。《你看起来好像很好吃》《我是霸王龙》也是用素净的颜色画的，但孩子喜欢的程度都让我们吃惊。这是因为里面故事的叙述与插图浑然一体，把故事表现得非常美妙。这些图画书的巧妙之处在于：让孩子不用读文字，就能完全领会故事的细节和美妙，而且好的图画书画家能非常精心地将故事的文字所表现的各种细节恰到好处地表现出来，抓住孩子的兴趣和期待。

过于鲜亮的童书对孩子弊大于利，童书的颜色最好能柔和一些，更接近自然一些。

32. 如何引导孩子自己讲故事？

问： 我给孩子读过不少书，可是他记住的不多，让他简单复述也不会，更不用说讲故事。我应该如何引导？

答： 你的问题中实际上包含了某些"预先"的希望，希望孩子能"记住"书，希望孩子能从"听书"中学会讲故事，这种希望来自一种"孩子应该是这样或那样读书的"的预设。如果孩子的反应与这种预设不符，就产生了一种担忧。

我觉得在讨论这个问题之前，需要把问题先还原到："喜爱读书的孩子是怎样读书的？" 再还原成："一个喜爱读书的人是怎样读书的？"

一般来说，爱读书的人在某些方面还是有些共性的。比如说，不爱被别人逼着读书，喜欢按照自己的兴趣去读；不爱按照既定的书目来读，最讨厌别人说"某本书你应该读，必须在今天内读完"；等等。

我们的目标是让孩子成为一个爱书的人。只要孩子能把阅读当作生活诸多乐趣中最为重要的乐趣之一，我认为就足够好了。

享受阅读和主动给人讲书或故事是两种不同的事情。孩子如果产生了跟人讲的瘾，只怕会追着别人讲个不停。常常遇到这样的情况：大人一方面希望孩子按照自己的想法去讲，而另一方面却不大会聆听孩子自己的故事。故事有书里的，也有生活里的，也有纯粹是孩子想象的。会聆听孩子的大人，总是能让孩子自自在在地说。

33. 孩子是不是只喜欢自己选的书？

问： 我给孩子买了不少专家推荐的经典童书，孩子却只看那几本，是否只有孩子自己选的才会喜欢读呢？

答： 书是永远不会多的。但要多考虑孩子的兴趣，读书是他的事情，应该多选孩子自己喜欢的书，经典不经典无所谓。孩子不爱听的可以不必读。亲子共读的目的是为了让孩子爱上书，主体还是孩子自己。让孩子更多参与书的选择，充分照顾孩子的兴趣。不过孩子的兴趣并不是一个顽固的概念，可以观察、引导、培养，我们还能做得更为积极一些。

引导孩子喜爱上一本书，可以有许多种方法，包括变换讲故事的方法，和孩子一起画画儿或做手工，或设计表演，等等。这是一件需要创意的事情，成功的标准是：大人和孩子都乐在其中。这本身就是阅读的一部分。

34. "读经教育"是否适合孩子？

问： 小区里很多妈妈带着孩子去上读经课，我家宝贝也想去，但我担心他会完全听不懂。"读经教育"是否适合孩子？

答： 对于孩子早一点儿接触古文，应该肯定。而且应该让孩子多接触韵律感很好的古文诗词，但前提还是孩子喜欢，家长自己也觉得很有意思。"读经教育"热潮在传承文化这一点上有积极的作用，但方法和态度还是需要留意的。特别是许多所谓的"经典"当中，有不少扼制儿童天性的、糟粕的东西，应该适当筛选过滤。具体来说，《诗经》中的一些诗歌、《论语》中的许多妙语，唐诗中的美妙诗句，还有各种古籍中一些有趣的小段故事，都朗朗上口，很适宜给孩子读。以学一点儿古文的心态来做这样的事情，而不是以"读经典"的心态来做会更好一些。

35. 读书能治疗坏脾气吗?

问:我儿子爱发脾气、闹情绪,有没有什么书能对症下药地治一治他的坏脾气?

答:首先我们要问:孩子爱发脾气,是什么原因呢?

如果是由于你和他关系不好,那光让他读书也许不会有明显的效果。因为如果问题的症结没有解决,书也不是万能的"灭火器"。

比如,情绪容易低落的孩子,多看些风趣、快乐的,情绪积极的书,会让孩子的心境好起来;那些容易急躁、生气的孩子,可以从书中找到疏导情绪的办法,从而逐渐学会管理自己的情绪,甚至书中人物的情绪经历,可以帮助孩子宣泄自己的不良情绪,从而获得心情的宁静。

另外,孩子的情绪不好,很多时候是因为他们不能清楚地认识自己的情绪和需要,同时也缺乏表达自己情绪和需要的有效方法。比如,孩子可能因为妈妈关注来访小客人而心情不快,但是他可能只感受到不快,却难以清楚地意识到自己为什么不快,更不会清楚地表达出来。但是,童书却提供了一个让孩子反观自己的机会:

因为童书常常能反映孩子的生活、经历和情绪，因此孩子常常能够通过书中的描述，来认识自己的心情，同时，他们也能够参照书中的描述，来找到适合的情绪表达方式。

36. 怎样才能让孩子听完故事再发问？

问：讲故事时，我家孩子问题不断，所以一个故事要讲半天，有时真有些心烦，干脆让孩子听完后再问行吗？

答：为什么要等呢？对孩子来说，故事的完整性那么重要吗？如果孩子打断你，问问题，那么，孩子有可能是对故事的理解出了问题，有可能是故事的某些情节让他产生了新的联想。显然，此时故事情节的后续发展并不是孩子关注的焦点。

其实，许多父母都有这样的体会，在孩子关注一个问题的时候，和他讨论这个问题，孩子的收获是最大的。

如果硬要坚持把故事讲完再来回答孩子的问题，我们需要想想，那么小的孩子是否还记得他刚才都提过哪些问题？如果记得，说明他一直在想刚才的问题，后续故事也许他根本没怎么听；如果不记得，那么你再来和他讨论也已错过他的兴奋点了。你的答案的作用对孩子来说就小多了。如果父母总是按大人的逻辑做事，恐怕很容易就把孩子要主动吸收的愿望给磨灭了。

37. 如何跟孩子解释清楚故事的细节？

问：我的儿子两岁5个月。我在给他读《小机灵鬼皮科的故事》，他很喜欢听，但我觉得他好像没明白小皮科让大象和河马互相拔河是怎么回事。遇到这样的情形，如何跟孩子解释清楚呢？

答：在故事里，作者常常会设计一个难解的矛盾，然后再巧妙地解决它，让读者感到惊喜。这种矛盾用通俗的说法叫作故事的"扣"。给孩子讲故事时，碰到孩子不理解的"扣"是很正常的事。"扣"是否能解开，主要是与孩子的生活常识有关，遇上不理解的问题，正好是一个机会，我们可以帮孩子增加一些常识。

《小机灵鬼皮科的故事》中的"拔河"是很经典的，相关的寓言和童话不止一个版本，主要情节是小动物运用智慧让大动物们自己跟自己较劲儿。类似的"扣"，如果要让孩子明白，最简单的办法就是"表演"。比如，请爸爸来扮演河马，妈妈扮演大象，让孩子扮演小皮科，这样比较夸张地表演一两次，孩子肯定就明白了，而且会很开心的。弄好了，还可以成为家庭的保留节目。

38. 如何避免孩子去学故事里的坏习惯？

问：我的孩子很喜欢听故事，但我有点儿担心孩子会不会去学故事里的坏习惯呢？

答：担心孩子模仿儿童故事里的"坏习惯"，是父母的普遍心理。确实，儿童故事中的主人公往往比真实的孩子"过分"得多，比如过分地傻（如《小熊维尼》）、过分地淘气（如《猫和老鼠》）、过分地憨（如《小猪唏哩呼噜》）等等，是常见的几种典型。父母往往怕孩子真的也会学得这么过分。从儿童心理的角度来说，这种"过分"的夸张实际上能对孩子起到情感宣泄的作用，孩子看到别的孩子傻、淘气、憨厚，往往会哈哈大笑，会显出"自鸣得意"的样子。首先，对于孩子来讲这是件很开心的事情，但极少有孩子会去真的模仿，孩子似乎天生就能区分这类的虚构和现实。其次，这种"过分"本身带着一种儿童天性的东西，故事中只是夸张了一点儿而已，认为"过分"其实只是大人的一种态度。换句话说，即使孩子真的如此过分，仍然是可爱的孩子，仍然是好孩子。这也是一种很有趣的暗示：在天性的释放方面，对孩子不要有过分的压力。

39. 多大的孩子能听无图或少图的童话书？

问：我家孩子才 1 岁，可以给他看无图或者少图的童话书吗？多大的孩子能听无图或少图的童话书？

答：实际上，可以给很小的孩子讲完全无图的书，比如，给刚出生的孩子背唐诗什么的，而两三岁的孩子，如果家长能完全脱稿讲故事，不用借助任何图片，孩子一样会感兴趣。

听书也是要训练的，不是天生就会倾听。关于"多大的孩子能听无图或少图的童话书"的问题，我认为随时可以。市面上还有许多故事磁带，连书都没有，都是可以的。在有些幼儿园里，老师为了省事也常常放这些故事给孩子听，这也不赖。只是故事与故事不同，理解故事所需要的智力的、情感的、社会的背景知识是不同的，所以一般需要选择在这几个方面适合的素材。

40. 如何让孩子爱上讲故事？

问：我小时候特喜欢听妈妈讲故事，可是我儿子为什么不让我讲，只让我念呢？

答：孩子喜欢听妈妈讲故事还是念故事，和孩子最初接触故事的年龄、接触故事的方式都有关系。

能令我们记忆非常深刻的事，大半不是发生在我们 3 岁以前的事。以前我们的父母在我们能够听得懂一些事情的时候给我们讲故事，的确很让我们神往。

现在，孩子接触故事的时间往往比较早。由于孩子还听不懂什么，妈妈最初一般会捧着本童书给他念。妈妈也知道，重复对孩子学习语言有很大好处。

对于孩子来说，对熟悉信息的期待和每天又有新理解的兴奋，使孩子在妈妈重复的读书声中感受到最大的享受。因此，在一定阶段，孩子不希望妈妈变。

41. 如何丰富故事的内容？

问：我的孩子很喜欢动，只听我干巴巴地念故事，他似乎嫌没意思、太枯燥，可我该怎么讲呢？

答：不错，大多数孩子都很喜欢动。如果你只是在那里干巴巴地念，没有停顿、没有语调的起伏，恐怕没有哪个孩子能够坐得住。特别是当孩子有一定的活动能力而又听不太懂你念的东西的时候，如果你只是自顾自地念下去，孩子要么打断你，要么自己玩儿自己的去了。

即使是给小婴儿读书，语调和韵律也是非常重要的。小婴儿也许听不懂你在读什么，但他听得出你语音中的情感。如果这声音能够给他带来安慰，这便是你们之间最好的互动。

亲子共读，关键在于亲子之间要有互动。因此父母要注意观察孩子对故事的反应：他理解吗？他喜欢吗？故事的难度、孩子的兴趣、图画的色彩以及你讲故事的方式都会影响你们之间的互动。

说到讲故事的方式，每个家庭都会有自己的创造。下面是一些和引发孩子兴趣有关的要点，供父母们参考：

第一，简单——孩子的理解力有限，如果讲的故事中不理解的东西太多，对他来说便成了无意义音节。从孩子身边的常见事物讲起，他的理解力便会逐渐提升。

第二，重复——即使是简单的故事，也包含多个概念，对于处于语言学习中的孩子来说，没有什么比自己的预期被证实更兴奋的事了。因此他需要你重复。

第三，夸张——人的情绪就像一个调节器，控制着人吸收信息的方向。语调的夸张会给孩子带来更强烈的印象。

第四，停顿——进展不要太快，有时候要停下来给孩子一个消化的时间，看看孩子是否跟得上你的语速，跟得上故事的进展。

第五，读图——图片提供着比文字更丰富的形象、色彩和情景信息，可以帮助孩子对故事进行理解。有些父母在讲故事的时候会用一些手势动作或身边的小玩偶来表演故事的情节，同样会起到引起孩子的注意、帮助孩子理解的作用。但这绝不意味着为了给孩子讲故事，我们就要准备许许多多的道具。

42. 为孩子选书到底该听谁的？

问：给孩子选书的时候，家里的老人会提建议，作为父母会有自己的看法，孩子也会有自己的选择。那么，为孩子选书到底该听谁的？

答：其实，一开始，童书都是父母选的，因为孩子还没有选择能力。父母最初给孩子的影响，会在一定程度上决定孩子今后选择童书的品位。

到一定的时候，孩子会从你常给他读的书中主动选一些他喜欢的故事让你反复读。这时候尊重他的兴趣，往往是取得最佳读书效果的开端。

再往后，也许你们要一起去书店、图书馆选书，听谁的？当然是既听孩子的，也听你的。首先告诉孩子一个原则，要选家里没有的。否则，一不留神，孩子就会把"老朋友"选回家。当然如果你发现孩子还处在总选"老朋友"的阶段，就没有必要频繁带他去图书馆或书店了。太多的新书过早呈现在眼前，孩子也会"消化不良"。

孩子一般不会注意到文字是否优美。父母可以轻声为孩子读上一小段，让孩子来感受其中的文字风格。

印装质量，也是父母要负责把关的一个环节。如果连续几本都有印装质量问题，则说明此书的出版社可能有问题，不值得一买，这一点一定要向孩子解释清楚。

有了这样一些共同选书的经验，你会渐渐发现孩子选书的眼光在提高，有一天，你会放心地让他自己选。

43. 怎样让孩子通过童书学到好的习惯和行为？

问： 我买了不少专门讲培养儿童好习惯、好行为的图书，但买回家读完以后，看不出有什么特别的收效，怎样利用童书让孩子学些好的习惯和行为呢？

答： 所谓好行为就是指符合社会规范、被社会所接受并赞赏的言行举止、习惯和做事方式等。一般来说，好的童书会通过各种方式，如寓言、故事或漫画等将各种被社会赞赏的行为方式推荐给孩子。

然而，影响孩子好行为养成的因素很多，童书能起到一定的作用，但是，最直接影响孩子的是父母的言行。父母的言传身教对孩子的成长有直接的作用。如果童书上讲的道理和父母平常的言行相一致，那么，孩子的良好行为就容易养成。如果父母内心不认同童书上的说法，言行就难免有所流露，那么，敏感的孩子面对矛盾的信息，内心就会产生冲突，这时童书能起多大作用，就很难说了。

44. 请问有对儿童开放的图书馆吗？

问： 我听说国外的图书馆孩子从很小就可自由借阅图书，但我的印象里国内的图书馆只向成人开放，请问有对儿童开放的图书馆吗？

答： 图书馆是最佳的公共图书资源，国内的许多大城市都有专门的少儿图书馆或者公共图书馆少儿部，不过国内的少儿图书馆一般都有最低年龄限制。为符合条件的孩子办个借书证，利用节假日带孩子去图书馆，逐步教会孩子自主查找，使用那里的图书资源，将会大大拓宽孩子的视野，提高阅读兴趣。让孩子学会利用图书馆的最大好处，是可以最大限度地尊重孩子对书的选择。大人可以给予一定的指导，但应当鼓励孩子挑选想要阅读的书。不要担心孩子不会选书而总是为他代劳，一个人只有在拥有自由后才能学会如何选择。从小就多为孩子创造机会让他学会自己选书，有利于让孩子成为真正爱书的人。

45. 是不是只能给孩子看结局圆满的书呢?

问: 我每次给女儿读《卖火柴的小女孩》她都哭,但又要看,现在我都不敢给她选这种让人落泪的书了。为了让孩子保持快乐的状态,我是不是只应选些结局圆满的图书呢?为此我常常很矛盾。

答: 如果这个问题放到大人身上,也许就不会成为问题。为什么这样的事情出在孩子身上,我们就会担忧呢?也许是因为我们觉得伤心不是好事,所以要避免让孩子伤心。但是,丰富的情感体验是孩子的财富。

其实,孩子看了伤心的故事感到难过,本身不是坏事。悲剧之美,就在于它能够唤起人类的同情心等高贵的情感,一个悲剧在让我们感到悲伤的同时,也体验到美,所以我们会喜欢它。

孩子如果喜欢一个让他悲伤的故事,说明孩子能够体验到悲剧之美,这是孩子有同情心和审美能力的表现。当然,出现这种情况,父母也要关注。如果孩子能够跳出书中的情绪,使自己在生活中恢复正常,那么这种心灵经历不仅不会伤害孩子,而且还会滋养孩子的情感。一般来说,父母不必太担心,孩子都有修复自己情绪的能力。其实,不妨让孩子通过各种故事认识世间百态,故事就像孩子的心理"免疫制剂",这样孩子能尽早地在父母的监控和帮助下学会梳理自己的情绪,建立起积极的世界观。

当然,作为"免疫制剂",显然是少量即可,而不是多多益善。

46. 大人有必要看童书吗?

问: 专家们提倡特别是孩子小的时候,父母要参与,一起进行亲子阅读活动,可我总是觉得儿童书是针对孩子的,内容很浅,大人有必要看吗?

答: 儿童的心理与思维方式与成人不同。一般来说,好的童书都是根据儿童的心理特点创作的,因此比较受儿童的喜爱。父母看童书有几个好处:

第一,了解儿童喜欢的故事情节,在教孩子或与孩子进行沟通时有共同语言。

第二,可以了解童书的创作特点,以便在需要时,特别是在培养孩子的创造性思维时，进行自由创作。

第三，可以把握孩子的心理特点，知道孩子喜欢什么样的童书，思维特点是怎样的，从而能更好地认识孩子。

第四，童书中给孩子们讲的道理，对父母也有教益，特别是给孩子们讲的这些浅显的道理，可以提醒家长在教育孩子时要以身作则，对父母开展言传身教很有好处。

第五，可以通过看童书，帮助孩子挑选、筛选一些优秀的图书。由于市场上的图书良莠不齐，如果父母不看童书，则很难指导孩子去读好书。总之，无论是从教育孩子的角度看，还是从了解孩子的心理特点和阅读喜好看，父母应多看些童书。

阅读加油站

怎样为1～3岁的孩子选书？

这是孩子学习说话非常重要的起步阶段。多数孩子会在这个阶段拥有第一本自己可以翻阅的书。孩子的第一本书，语言应该非常简单，甚至可以没有文字；插画应该非常丰富，最好是图画书；内容应该是故事性的，可以是贴近生活的，也可以是幻想的，但应该有想象力。

贴近生活的认知卡片和读物也不错。有的父母热衷于给这个阶段的孩子选择认知性的百科画册，甚至是科普读物，其实帮助不大，这方面的知识到生活中或大自然中去接触会更有意义。

选择图画书，要特别留意适合于孩子的接受能力。通常在两岁以前，孩子对故事的线索、结构和意义不甚明白，选择情节复杂的故事（哪怕是经典童话），孩子会感到相当困惑。注意观察孩子对书的反应，慢慢来。

图画书的形式，不是越精美越好，大人看画是欣赏艺术，孩子读画却是在读故事。图画的叙事能力是要重点考虑的因素，和谐仍然是颜色和线条的最高标准，颜色和构图的关键是要符合故事的需要。有许多经典的图画书，颜色并不那么鲜艳，但形象很有个性，孩子也会喜欢。孩子对图画的理解能力总是比我们想象的要强，千万不要低估。

第三章

3~5岁亲子阅读

最常问的问题

　　4 岁的孩子还应该以读给他听为主吗？那他会不会永远都不想自己读呢？我儿子最近迷上了"奥特曼"，其他的书都不感兴趣，是否该限制他读呢？让孩子从小接触漫画好不好？

47. 怎么丰富孩子的书类？

问：我买的一大堆书，有童话故事类的，也有科普类的，图画也不少，还是彩色的。可他碰也不碰，怎么才能让孩子看这些书呢？

答：我们常常会遇到这样尴尬的局面，高高兴兴买回来的书孩子似乎并不感兴趣。但同样的局面，可能是由不同的原因造成的。这里的真正问题是：我们是否能准确把握孩子的阅读兴趣？是否能让孩子按照既定的阅读轨迹去执行？而最终归结为这样一个问题：我们培养孩子阅读的目的到底是什么？

好书是不怕等待的。可以把这些书先放起来。样子很可爱的书，放在孩子日常能接触到的最显眼的地方，摆出诱人的姿势；针对内容特别有趣的书，找机会摘取一些段落讲给孩子听，不怕他不"上钩"。如果希望用书的内容吸引孩子，你还需要先把书读一遍。请记住，真正热爱书的人从来不按照别人预先设定的轨迹去读书，因为阅读本身就是非常个性的活动。也没有哪位专家能准确预知某个孩子的阅读兴趣，在这方面你才是真正的专家，因为只有你才最了解自己的孩子。

48. 是否需要限制孩子读质量不好的书？

问：我儿子最近迷上了奥特曼，其他的书都不感兴趣。我认为那是垃圾文化，情节粗糙，造型、颜色生硬，连印刷都不太讲究，是否应该限制他读呢？

答：孩子喜欢上某种东西自然有他的道理，大人应该学会理解他们。孩子能够如此喜欢一样东西，这本身是好事情，不应当简单粗暴地限制。奥特曼对帮助孩子实现某种心理的宣泄有作用，孩子喜欢奥特曼就像他们喜欢霸王龙一样，在想象中异常强大的形象会成为弱小的孩子心目中的英雄，这是一方面。另一方面，孩子的喜好受同龄小伙伴的影响很深。不过任何东西过度泛滥都不是好事情，奥特曼的流行从一个侧面也说明我们正常的儿童阅读环境的缺失。针对迷恋奥特曼的孩子，有效的办法是"淡化"。同时，应很努力地为孩子提供足够多的选择，让孩子从更多好的选择中获得快乐。

比如说不断地寻找一些孩子喜爱的动画片、图画书给他看，不断寻找不同风格的作品给他看。一旦他喜欢上好的，就会对不好的产生反感。孩子天生喜欢动画片，所以应找好的动画片给他看。

49. 让孩子从小接触漫画好不好？

问：我儿子 3 岁，开始喜欢上漫画书，最近在读《父与子》。让孩子从小接触漫画好不好？我有些担心。

答：漫画是一种特殊语言，包含了许多幽默元素，而幽默是通向智慧的。3 岁多的孩子从漫画中获得阅读快乐，有点儿不容易，可能《父与子》恰好触动了孩子的某根幽默神经吧。孩子比较容易亲近的漫画集还有《猫和老鼠》《史努比》等。

从推荐引导的角度，我更倾向于向孩子推荐法国漫画。一方面是因为它们不太流行，孩子自己去接触的机会不多；另一方面是法国漫画的文学性、艺术性很强，优秀的法国漫画故事，完全可以当作优秀的文学作品来阅读。另外，法国的漫画家在绘画艺术上颇有追求。他们常常追求到这样的程度：你将好的漫画故事中的任何一幅进行放大，用镜框装裱，都可以成为非常精致的室内装饰画。比如，《风中的柳树》《漫画格林童话》《小淘气尼古拉的故事》等。其中《风中的柳树》的文学性很强，它常常会在短短的几幅画中，赋予非常丰富的信息，含蓄幽默，妙不可言。大人如果能专心读一读，也会感到是莫大的享受。大人一边讲故事，孩子一边看漫画，大人和孩子都哈哈大笑，各得其乐。《小淘气尼古拉的故事》更是漫画作品中的经典，漫画家桑贝堪称法国的"国宝"。

优秀的漫画是人类智慧的瑰宝。阅读漫画对孩子有好处吗？当然有。漫画最大的好处就在一个"漫"字，优雅浪漫的"漫"。当然，引导孩子读漫画也要从好的开始读起。

50. 孩子听不懂故事怎么办？

问：我的孩子 4 岁，讲故事时，有些词孩子还听不懂怎么办？是不解释继续念下去呢，还是应停下来讲解呢？

答：这个问题的确涉及一个两难的选择：一方面，父母在讲、读故事时过多被打断来进行讲解，有可能损害故事的趣味性；另一方面，让孩子一路困惑地听故事，又不利于真正理解、享受故事。所以，只强调某一面的做法都未必合适，需要根据实际情况灵活处理，掌握适度的分寸。既要让孩子喜欢听，又要让孩子听懂；能听懂，则可能更喜欢；喜欢听，则可能更容易听懂。可以这样做：如果孩子自己提问或者显得很困惑的样子，应该为他讲解一下；如果孩子不问而且兴致也很好，那就继续念下去吧。无论是在讲故事的过程中，还是在讲完故事之后，大人都可以鼓励孩子提出自己的问题，轻松自如地聊一聊。这种交流越是随和自然，越是能引发孩子的兴趣，而且能大大帮助孩子提高理解能力。

51. 如何引导孩子读长点儿的故事？

问：我女儿3岁半，只读《婴儿画报》等画报上很短的故事，怎么引导她多读些长点儿的故事？

答：看来这孩子读的图画书品种有些单一了。《婴儿画报》这类图画书风格是写实的，画上的人物很可爱也很幼稚，什么都是圆圆的。但实际上，图画书有许多种风格，有的读了让小朋友开心一笑，有的就是为让他体验日常生活，还有的力图把孩子引入无边的想象世界。如日本著名图画作家五味太郎的书就非常有趣，像《鳄鱼怕怕牙医怕怕》，全书一共才190多个字，而且字还有重复的。这样的书两岁的孩子便可以接触。多让孩子接触不同风格的图画书、不同风格的故事，慢慢地就会把孩子培养成阅读的"杂食动物"。

52. 读书会不会影响孩子与外界交流？

问：现在的孩子本来和人交流的机会就少，再让他闷头看书的话，会不会就更难有和别的小伙伴相处的时间和机会了？

答：其实，看书虽然好像占去了孩子与小朋友一些交往的时间，但它同时也可以给孩子创造交流的内容和机会。阅读本身不会对孩子与人相处造成不良影响，但是要注意，有一些性格过于内向的孩子，在与小朋友交往的时候遇到挫折，可能会沉溺在图书所描绘的美好世界里，躲避真实世界的挑战。这不是图书本身的过错。父母要善于帮助孩子打通图书中的世界与真实的世界之间的通道，只要孩子不是躲到书的世界里来逃避交往的真实世界，父母又注意给孩子提供一个与小朋友交流的机会，就不必担心阅读影响孩子与人交往的机会。

53. 怎样才能让孩子自己独立阅读？

问： 孩子快 3 岁半了，有些书他除了个别的几个字不认识外，完全可以自己阅读，可是他就是不愿意自己读，一定要我读给他听。怎么才能让他有自己独立阅读的好习惯？

答：阅读既是一种能力，也是一种生活习惯和生活方式。好的习惯不是一蹴而就的。而且这么小的孩子可能更喜欢和大人一起读书时的那种气氛和温馨的感觉。有的孩子甚至因为担心大人会在自己认识字后"抛弃"自己而拒绝认字。亲子阅读是一件很快乐的事情，也是亲子交流最好的手段之一，不要太早剥夺自己和孩子的这种快乐。

当然，孩子能独立做任何事情，都是值得鼓励的。所以也值得为孩子独立阅读想想招儿。有效的招儿有两个方向：

第一个方向是让孩子放心。要让孩子完全明白，无论他是否能独立阅读，父母都会保持那种和他一起阅读的快乐。

第二个方向是用示范和习惯来引导。比如让孩子看到父母和家里的其他人经常自己看书或看报纸，拿出专门的时间习惯性地"全民"阅读。为了好玩一点儿，可以做一个"阅读时间，请勿打扰"的牌子，约定这个时间任何人不许出入，不许接电话，把手机关掉。这种时间不需太长，一天 10 分钟到半个小时都可以，可以根据孩子的年龄和耐性调整。关键不是每次阅读时间的长度，而是能否坚持。

不必要求孩子在读书时保持沉默。其实小孩子很喜欢一边看书一边念念有词。有一次我女儿问我："你为什么读书的时候不说话？"这个问题很好。我的回答是："因为我喜欢呀。我有时候也喜欢大声读呢。"每个人读书都可以有自己的个性，孩子也一样。

54. 读书有利于学习新字词吗？

问：半年前，我开始坚持每天给孩子读书，虽然没刻意地教，但我发现孩子很快就能用上书里一些词，这让我很惊讶。给孩子读书对孩子学会新字词到底有多大作用呢？

答：通过阅读的过程，不管孩子是自己看，还是听父母讲，都能迅速地学到许多新词，而且是"活"的词，是孩子可以运用的词。

学习词汇，理解词义，离不开词的使用环境。妈妈给孩子穿衣服的时候，边穿边跟孩子说话："宝宝来，穿外衣，小胳膊伸到袖子里去，来，扣上扣子……"孩子会知道你在跟他说什么，也因之能够逐渐懂得你说的话中各个词的含义。孩子总是通过周围的环境，通过你对他做的事情，来理解你的意思，从而来猜测你说的话中他原来不知道的词义。

孩子通过阅读来扩大词汇量，比专门单学字词效率更高，也是因为阅读提供了一个理解词义的很好的环境。在一句孩子能懂得的话中学一个他原来不懂得的词，通常要比把这个词单拿出来学更容易。因此，阅读会很自然地拓展孩子的词汇。语言学习需要不断重复。而很多童书中，尤其是针对低年龄孩子的童书中，都有很多重复的语句。比如《活了100万次的猫》，一开头是这么写的："有一只100万年也不死的猫。其实猫死了100万次，又活了100万次。……有100万个人宠爱过这只猫，有100万个人在这只猫死的时候哭过。可是猫连一次也没有哭过。"这些语句通常很简单，通过重复，孩子逐渐熟悉了书中的每一个词。而这个词通常会在不同的上下文中出现，这也就使孩子能从中了解一个句子的结构，迅速地扩展对一个词的理解，使他不仅知道这个词的含义，还能学会这个词该如何使用。如果大人读书给孩子听，能读得有声有色，那么，生动的语调、语气，也更能帮助孩子理解词义。

55. 了解经典童话是看动画片好还是看书好？

问：我家宝贝特别喜欢迪士尼的经典童话，经常要求我买相关的童话书或者光盘回家看。请问迪士尼的经典童话是看动画片好，还是看书好？

答：迪士尼是以动画片为其品牌的，根据动画片改编的书只是衍生的产品。其实迪士尼的动画片绝大多数都改编自经典的儿童文学名著，并非原创。迪士尼的动画片在光线、明暗、动作，还有夸张、搞笑的效果上，很少有谁能与其相媲美。近年来，迪士尼做的一些纯数码动画的大制作也很成功，完全超越了传统意义上的动画概念。可以这么说，迪士尼在这方面是超一流的。

可是根据动画片改编的书，由于书的篇幅有限，往往只能截取动画片的个别画面，用改编的文字故事连接起来，在这种改编中，那些动画的特技、光线、动作，还有动画中滑稽的台词和身体语言，都消失了。由于大部分画面的缺失，单从图画来看，已经很难称其为完整的故事。所以就图画书的标准而论，这类书只能算是二、三流的图画书。但假如孩子想看的话，没必要反对。另外，看动画片与看书完全不同，很难类比、比较。

56. 给孩子买书的时候要注意些什么？

问：我女儿快 5 岁了，开始主动要求自己跟着去书店挑书，请问给孩子买书时要注意些什么？

答：孩子的兴奋点不同的时候，选书的目标往往也不同。

有一阵子，我女儿特喜欢问这是什么，那为什么，我就专门把女儿带到了儿童书的百科区。渐渐地，我发现孩子更多地翻弄一套画质、印装都非常好的儿童百科，上前一看，是一家非常有名的专业出版社出版的，便毫不犹豫地把书买了回去。没想到，那真的成为了女儿最喜欢的一套书。

对于文学性强的故事书，不光要挑图片、印装、出版社，还要先选读几个片段，看看文字是否上口，是否幽默有趣。

至于书上标的年龄段，我觉得仅仅是个参考。因为同一本书在不同年龄有不同读法。有些标着大年龄段的儿童书，甚至是成人的书，只要文字优美流畅，读给孩子听也没什么不可以，和孩子一起欣赏书上的图片，孩子也会很喜欢。

57. 看书能帮助孩子表达情绪吗？

问：我的孩子比较内向，不善表达，碰到一些书里描写主人公胆小害羞的情节，他会很感兴趣。请问通过看书能帮助他学习表达自己的情绪吗？

答：好的童书常常富有感情色彩，或让你兴奋雀跃，或让你惊奇喜欢，或让你哀伤痛惜……

我曾看过一本德国的童书，书中的情节很简单：一个小女孩早上起来，妈妈给她梳头的时候把她的头弄疼了，穿衣服时老套不上裤腿，出门玩时遇上下雨，找东西时老找不到，点心被别人吃掉了，拉着玩具小鸭走路又把绳子弄断了，玩沙子的时候还被一个顽皮的小男孩扣了一头沙子……事事不顺，小女孩郁闷极了，忍不住大叫起来。然后，她感觉好多了。

相信很多孩子都会遇到这样的情况，只不过，他们难以用语言表达自己的心情，因而，这些情绪很容易被大人忽略。而这本书会给孩子们以强烈的共鸣，同时会启发他们如何面对这样的情绪。

好的童书作者能体察孩子的各种情感体验，并且从孩子的视角把这些情绪和情感表达出来。孩子看这些书的时候，会随着书中的人物经历喜怒哀乐，通过故事中人物的情感经历，他们会对自己的各种情绪有更清楚的认识，这能帮助孩子更好地表达自己。

58. 可以用故事书代替科普书吗？

问：我的儿子4岁半，喜欢看科普类书籍，但他语言表达能力和想象力差，每晚当他看科普问答类的书时，我都想让他换故事书，不知我这样对不对？

答：我认为你的想法不错，应该鼓励，就像你儿子的兴趣同样值得鼓励一样。这两者并不一定是对立的。分类是研究者的事情，读者可以不用太理会。比如说《神奇的校车》这样的书，被认为是很典型也很严谨的少儿科普读物，它同样也是非常棒的故事，让孩子们着迷；还有"巨眼丛书"《小灵通漫游未来》等，在传统的分类上通常被列入"科学文艺"。真正优秀的少儿科普作品应该具备一定的文学性，因为在这个阶段，重要的不是告诉孩子们多少个为什么的答案，而是唤起他们对科学的浓厚兴趣。

59. 孩子为什么会对妈妈读书产生依赖性？

问：我儿子5岁，我们半年前开始给他读书。可他对我们的依赖性越来越强。比如，"小老鼠"的《无字书》，本来孩子完全可以自己来想象，但他一定要让妈妈给讲是什么意思。我不明白这是怎么回事？

答：这个现象首先表明孩子很享受阅读的过程。当他知道不管自己会不会读，都不会影响你为他读书的时候，他可能就更没有什么担忧的了。这本身也是喜爱阅读的一种表现，如果有条件就坚持下去。

你提到的《无字书》是个特殊的问题。《无字书》虽然没有字，但图画是有叙事语言的，无论对大人还是孩子，并不是一开始读就会。读懂图画书也是需要教、需要聊的。

虽说孩子的读图能力很强，但开始阅读时，他可能会因为缺乏读图经验和知识背景不足，不知该如何去读。比如《无字书》，并不是只看画面上的小老鼠就可以了，还要连空白一起看进去。没有空白，它的画面语言就没有意思了。对于这种情况，父母可以通过和孩子聊一聊书，配合着串讲一些内容来解决。比如具体针对《无字书》系列中的《字母》一书，可以分角色表演，一个找大写字母，一个找小写字母。

对于孩子是否有愿望自己读书，可以顺其自然。因为一个能读书的人，并不见得爱读书；而一个爱阅读的人，终有一天是会自己去读书的。

60. 可以让孩子指读吗？

问：该让孩子指读吗？对于指读有两种相反的观点，一种说可以帮助孩子识字，一种说会影响阅读的乐趣，到底该听哪种说法？

答：对这个问题，我有亲身体会。我女儿 3 岁多时，认识的字还很少，可能专门认的有 100 字，非专门认的（天知道怎么认识的）恐怕也有一些。在家里我和她妈妈都有与孩子一起阅读的时间，她妈妈更多一些。我们主动指读的时间不多，反而是女儿常常要指着让我们读。我比较喜欢讲故事的连续感，所以如果孩子一定指着让我读，我就会和孩子"讲价钱"，指一页，然后让我多讲几页，否则指着字读真的很累人。我们特意达成共识：不主动为孩子指读，也不鼓励孩子指读。这样能多给孩子一些"饥饿感"。

孩子特别想认字，特别想指着字辨别，是好事情，不应该拒绝，应该赞赏孩子的求知欲。但另一方面，我觉得求知这东西还是越独立越好，所以最好也别强迫。关于阅读的方法，不必太拘泥，没有说怎么做一定特别好，怎么做就一定不行。很好的做法，缺乏好的心态，也未必很好；方法不太完善，却有较好的心态，效果未必不好。所以，关键还是心态的问题。

61. 如何丰富孩子的兴趣？

问： 女儿 4 岁半，她只喜欢读书，就连吃饭都拿一本书翻着。我关心的是怎样让小书虫的兴趣多起来，发展得全面一些，爱好多一些？

答： 的确有孩子出现这种情况。这其实是个很大的问题。在 5 岁之前，吃喝拉撒睡玩是最重要的，阅读不要过多地占据孩子的生活空间，一天花很多时间阅读，并不见得是培养阅读兴趣最好的方法。

孩子爱上阅读，一个重要的原因是她在做这件事时非常开心。如果我们能够让她和父母或小伙伴一起开心地做一些别的事，她对其他事情也会慢慢地感兴趣。比如，家里定一个约定，无论多忙，都在周末抽出一天时间和孩子一起玩儿，如爬山、去公园等。这个年龄段，有的孩子可能对同伴还不是很关注。父母应多带她出去玩，鼓励她与小朋友接触。随着生活圈子慢慢扩大，孩子的选择就会多起来。

62. 是不是要让孩子先学字再看书？

问：我的孩子 4 岁半，认识 1000 多字。他在看书时经常遇到生字，一有生字就不再往下读，还特喜欢把我当字典用，我是不是该让他先多学一些字再看书？

答：我认为，孩子出现这种情况不是识字量少，而是阅读量太少，阅读的热情和动力不足。识字量与阅读能力不应等同，它们是两回事。儿童到底是通过什么开始阅读的？是文字还是图画？我的答案是"耳朵"。在幼儿阶段，为孩子大声读书并不是仅仅为了弥补孩子"不认识字"的缺憾，更重要的是传导阅读的热情和示范阅读的方法。这在孩子开始试着独立阅读时同样非常重要。

大人常常会忘记自己在阅读之初的艰难，想当然地认为孩子已经认识了一些字，就可以很自然地将它们组合成文章来读。假想一下初学者的阅读，即使一篇文章所有的字都认识，但要从中读出意义来，还需要去组词、切分句子，然后再构成完整的意思，这对于很熟练的阅读者来说是在不知不觉中完成的，但对于初学者来说是一点一点进行的。要克服这种入门的困难，最好的办法就是大量地练习，而这种练习又是建立在足够的趣味上。一方面，我们需要坚持为孩子大声读书，持续点燃孩子的阅读热情；另一方面，需要为孩子独立阅读准备尽可能简单和足够有趣的素材。特别有趣的读本，即使难度超过孩子目前的能力，他也可能"不畏艰难"地读下去，哪怕是连蒙带猜地读。

63. 孩子装模作样读书时该怎么办？

问：我家的孩子在听过大人读过多遍某一本书后，会自己捧起那本书装模作样地读，其实那书上的字他大多都不认识。遇到这样的情况，我该怎么办？

答：遇到这样的情况，你首先应该好好地庆祝一下，因为你的孩子已经把握了阅读的基本方法。阅读的实质并不是把书上的字一个个认出来，而是从文字和图画中获取意义。孩子捧起书大声读，虽然不认识上面的字，但他的喜爱和关注说明他已经理解，并模仿大人表现出来。这种对书的热情如果能保持下去，会成为孩子一生的财富。这是非常美妙的事情，难道不值得庆贺吗？

另外，在2～5岁期间，大多数孩子都具备这种基于听觉记忆的完整复述能力，出于性格上的差异，有的愿意表现出来，有的则不愿意主动表露。它被俗称为"吃语言"的能力。这种能力相当珍贵，因为随着长大反而渐渐变弱了。所以当孩子表现出这种能力时，大人可以多为孩子读一些文字优美、立意高雅，同样也非常有趣的作品，让他充分感受语言的美丽，切不要因为看到孩子有"读"书的冲动了，就把主要的精力都花在机械的识字上，那才是本末倒置呢。

64. 孩子只读某一类书会不会偏科？

问：孩子只读童话等文学类书，不喜欢自然类、科技类童书，他以后上学是否会偏科？

答：安徒生除了创作童话外，还努力告诉真正关心孩子的大人，童话对于孩子是多么重要的营养。童话就像是孩子成长必需的"精神维生素"。

我们满怀喜悦地、尽可能无功利目地进行亲子共读的时候，其收效往往比刻意去追求某个目的更好。如果把学习看作孩子自己一生的事情，我们没必要对他的未来介入得太具体。我们能给他的最好的礼物，只是学习的方法和对学习的热爱。每个孩子的发展情况是不同的，父母可以多观察，尊重孩子自己的兴趣，注意适时引导。知识本来就是融通的整体，除非我们自己刻意划分疆界，否则不会只及部分而不及整体。从这个意义上，并不会存在所谓的"偏科"，只是每个人的兴趣自然会存在差异。阅读童话和图画书，一样可以帮助发展整体的知识，关键在

于我们带着怎样的视角去做这样的事情。有一句话是这么说的：喜爱阅读的孩子
也许不是成绩最好的，但一定是最有前途的。

任何一门学科的学习都必须依赖良好的阅读能力，阅读并不是"偏"语文或"偏"
文科的事情，不爱阅读、不会阅读的"理科生"也没有什么前途。相反，世界上
许多著名的科学家也都是无书不读的大书虫。日本第一位获得诺贝尔奖的物理学
家汤川秀树，12 岁以前熟读《论语》《老子》和《庄子》（这是他的家学渊源）
等古典名著、世界经典文学作品，这不仅不会妨碍他在量子物理学领域摘取桂冠，
他反而在他的著作《创造力与直觉：一个物理学家对于东西方的考察》中，大量
引用《庄子》《西游记》和《源氏物语》来解释科学创造力的来源。

65. 孩子喜欢演绎童书中的人物该怎么办？

问：女儿特别喜欢把书里的人物搬出来演，没完没了。请问这样读下去好吗？需要改
变她吗？

答：几乎每个幼儿都会在不同程度上如此表现，他们把自己想象成故事中的某个角色，
让同伴或大人扮演其他角色，模拟故事中的情节和人物的喜怒哀乐。这是一种在
心理上对故事的体验和认同，是一种非常好的学习方法。

文学阅读本质上就是一种体验，通过表演能对阅读起到很好的促进作用。表演的
形式也可以延伸，比如，可以画画儿，做手工，制作背景、面具、道具，甚至小人偶，
还可以设计动作和舞蹈，一边载歌载舞，或者约请其他小朋友集体游戏和表演。
阅读的形式可以多种多样，不必拘泥于某一种。

66. 童书里的图画为什么那么有魔力？

问：孩子特别迷图画书，能坐在那里看好长时间。只是看画面，图画书里的图画为什
么那么有魔力？

答：当大人并不理解图画书的奥妙时，孩子要愿意看就让他自己去尽情享受吧。经常
接触图画书的孩子可能在读图能力上比大人高明，特别是他们懂得如何从阅读图

画书中获得享受。大人不妨多观察一下，有机会与孩子聊一聊。我们虚心一些，放下大人的架子，或许可以多学几招儿，真正理解图画书的奥妙。很多父母在孩子的帮助下，最终已经成了不折不扣的"图画书迷"。图画书为孩子而存在，但并不专属于他们。日本图画书出版家松居直先生有句名言："透过孩子的眼睛看图画书。"父母若真正能做到这一点，就会体会出图画书无尽的奥妙和乐趣。

67. 多大的小孩适合看成语故事书？

问：3 岁多的小孩适合看成语故事书吗，能推荐一本较好的吗？

答：我认为 3 岁多的小孩一般不适合看成语故事。成语故事多来自古文的典故，理解这些故事一般至少到五六岁以上吧。如果一定要试试看的话，可以先从连环画开始读，比如上海人民美术出版社的《中国成语故事连环画》。不过也可以换一种思路，可以找适合的古代故事给孩子讲讲，很多故事都自带"成语功能"的。我推荐江苏少儿出版社的《彩图中国古典名著——史记》（上下册），这两本书倒是容易给孩子讲明白。

68. 孩子从什么时候开始不能以听为主了呢？

问：4 岁的孩子还应该以读给他听为主吗？那他会不会永远都不想自己读呢？

答：一个人，只要处于正常的教育轨迹之中，认识字是很自然的事情，在这方面用不着太操心。天下没有爱读书的人不认识字的，但有很多认识字却不爱读书的。我们为孩子读书，至少有这样几个目的：

- 让孩子接触完整意义的阅读，因为只有了解意义才叫作阅读。只是知道书上每一个字是什么，根本不是阅读；书上的字一个也不认识，但通过听却知道了完整的意义，这也是阅读。
- 让孩子知道怎么样去阅读。
- 让孩子充分享受阅读的过程。
- 把大人对阅读的爱传导给孩子。

所以，大人为孩子读书，绝不是临时充当一个发声的工具，意义大着呢。通过这种共读的机会，大人和孩子还可以一起来分享故事中的喜悦和困惑。千万不要一等到孩子会认识字之后就放弃了这件美好的事情。

69. 孩子很早就有阅读倾向性好吗？

问： 我平时喜欢文史类的书，我渐渐发现5岁的儿子也开始喜欢读历史故事了，一本白话《史记》他也能看进去，但是他开始不愿意看科普方面的书了，让他去读《十万个为什么》，他总是要讨价还价。这么早就有了阅读倾向性好还是不好？

答： 孩子爱读历史故事很好啊。对于幼儿来说，历史故事与童话故事的差别不大，他们还很难准确区分虚构与事实之间的差别。有许多历史故事比虚构的故事还要有趣，特别是像司马迁这样的史学家兼文学家写的《史记》。房龙在《人类的故事》中提到北欧时还俏皮地说：北欧的历史故事比童话还有趣，干吗要去读童话呢？关于儿童的阅读倾向问题，首先不太主张大人总是去分类，那是学者们为了研究方便而干的苦活儿，我们读者应该学会享受这种不必去分类的幸福。每个孩子的成长轨迹不同，每个成长阶段的特点不同，可塑性也很强，我们很难精确预测明天他们的兴趣走向。但有一点是肯定的，孩子在阅读方面表现出的热情都值得鼓励，孩子某一方面的兴趣浓厚，我们可以庆贺，并尽可能提供条件帮助孩子继续发展下去。

此外，具体说到《史记》与《十万个为什么》，有两个感想。第一，我认为它们之间的区别对于孩子来说，不是历史故事和科普书的差别，而是故事书和问答条目书的差别。以此二者而言，别说孩子了，绝大多数大人也都有喜欢读故事而不喜欢看枯燥的问答条目的"倾向"。第二，我感觉你在选择文史类读物方面显然更有经验，而《十万个为什么》不过是一种工具书，它有存在的价值，但并不是真正适合儿童阅读的科普读物。科学知识一样可以讲得如《史记》故事那么好玩，那时孩子会不喜欢吗？大人在引导自己的孩子阅读或做任何事情时，都可以充分利用自己的长处，这样做事半功倍，没什么不好。

70. 孩子爱模仿好不好？

问：孩子很爱模仿书中顽皮的人物，并且还乐此不疲。该不该制止他？

答： 我们要定义一下"顽皮"。绝大多数孩子，都会出于好奇，模仿一些新鲜的玩意儿，觉得好玩儿。如果是这样一种顽皮，也许不必太过紧张。顽皮是孩子的天性。只要符合基本的礼节规范，对孩子自己和别人也都没有造成什么伤害，让孩子顽皮一下，又有什么问题呢？顽皮的孩子，是思想活跃、富于想象的孩子，是有"孩子味儿"的孩子，再正常不过了。父母在日常生活中注意教给孩子待人接物的礼节和基本的道德规范，以及如何防范危险，比压制孩子的"顽皮"更重要。如果这里的"顽皮"是指孩子"学坏样"，那么问题的症结恐怕不在于孩子是否看这样的书，而在于我们平时如何与孩子交流，是否让孩子对事情有基本的判断。孩子是否会"学坏样"，不取决于他是否见到这"坏样"，而是取决于他是否认同它。况且，孩子不是生活在真空中，即使不让孩子看到这样的书，也难防他在别的地方看到类似的行为。

71. 读书能锻炼孩子的胆量吗?

问: 我女儿 4 岁半了,一到晚上就特别胆小,请问有什么书能对她这个缺点有帮助呢?

答: 坦白地说,大概没有一本书可以把一个胆小的人变成胆大的。书不是药,阅读对人的作用是潜移默化的,而没有"药到病除"的功能。说到孩子胆小、夜里怕黑,估计每个孩子都类似,连大人也差不多,只是大多数人慢慢会自我控制了,在《哈利·波特》的小说中有一段,说是有一种可怕的怪物叫"博里格",它最可怕的地方是:它没有形状,当你见到它时,它就变成你内心深处最害怕的东西。于是魔法老师教孩子们学会了一个魔法叫"滑稽滑稽",当博里格出现时,你不要回避它,而是继续想象,把它想象成最滑稽的东西。例如,你最害怕蜘蛛,那么在博里格出现时,就想象没有腿的蜘蛛。当你能哈哈大笑面对博里格时,你就一点儿也不害怕了。

这实际上是一个非常有趣的寓言。恐惧深藏在每个人的内心深处,孩子一样,大人也一样。恐惧没有实体,它的具象就是你的想象。战胜恐惧最好的方法并不是自称"我不害怕",而是承认对象,继续借助想象,将它变成滑稽可笑的东西。

72. 怎样通过书来提高孩子的分类能力?

问: 我为孩子买了很多书,我特别希望强化锻炼孩子分类的能力。请问怎样通过书来提高孩子的分类能力,有什么巧妙的方法吗?

答: 所谓分类能力,就是指发现事物的共同属性或共同特征,并将具有共同属性或共同特征的各个事物归在一起的能力。显然,发现事物的共同属性或共同特征的能力是与知识、经验分不开的。也就是说,丰富的知识经验将有利于孩子分类能力的提高。知识、经验可以来自孩子对日常生活的感受和体验,也可以来自童书的间接知识。显然,大量地阅读童书可以丰富孩子的知识,使他们更多地掌握不同事物的各种属性或特征。比如,阅读关于各种动物的童书,可以使孩子掌握各种动物的特征和生活习性,从而能更好地区分什么是偶蹄类动物、什么是夜行动物、什么动物会冬眠等。因此,从宏观上来说,童书对培养孩子的分类能力是有帮助的。

在和孩子一起读书的过程中，父母的一些解释性的语言或提问，有时也不自觉地给了孩子分类的概念。

73. 孩子不喜欢重复看同一本书有问题吗？

问：我儿子快 5 岁了，过去一遇到喜欢的故事，孩子就会要求我们一读再读。可现在，无论故事多有趣，孩子都很少再要求我们重复读书了。有时候我们推荐他读一些书，他还会拒绝。我们该怎么做呢？

答：两岁多的孩子，喜欢一个事物重复好多次，哪怕重复一整天都行。孩子还会把喜欢的故事读到全背下来，甚至把妈妈的语气都模仿出来，这种"吃语言"的现象，通常发生在 2 ~ 5 岁间。而一个 5 岁的孩子可能听几遍就烦了，他不再重复地读某个故事，应该是很正常的事，这表明他认为自己长大了。不过优秀的作品还是值得为孩子重复读，苏东坡说："好书不厌百回读。"在反复读的过程中我们可以对作品深度理解，充分把握语言的趣味。吸引"自以为长大"的孩子重复阅读大人需要多一些创意，比如，经常变换方式，吸引孩子参与、表演，或者经常与孩子聊聊书中的情节和有趣的细节，帮助孩子发现隐藏在故事背后的东西。至于给孩子推荐书，应采取顺其自然的态度。因为孩子到了一定年龄，他会产生很强的自我意识，大人推荐什么，他并不见得都接受，甚至常常拒绝。给孩子推荐书的最好方法就是让他试一试。

74. 如何规避童书中的一些负面影响？

问：经典的《木偶奇遇记》中的经典情节"说了谎鼻子就变长"大家耳熟能详，可我有些担心类似的"报应"的观念对孩子有负面的影响？

答："报应"的概念在很多文学作品中都会有，从传统的寓言到现代的作品，很多都描写了恶有恶报、善有善报的情节，其中蕴含着弃恶扬善的教育意义和目的。从社会提倡的价值观来说，人应该向善，恶人终究会受到历史的唾弃。但是这个意义上的"报应"，往往需要从很长的历史时间，从复杂的社会意义的角度来理

解。而孩子显然还不具备这样的能力。生活中，并不是好人都有好报，恶人都马上受到惩罚。

童书中描写的一些报应，比如说谎"长尾巴""长鼻子"，是由于一些不可解释的力量导致的，与现实生活脱离，可能会给孩子，尤其是幼小的孩子造成一些迷惑。随着孩子认识能力的成长，孩子的概念会变得清晰起来。

阅读加油站

怎样为 3 ～ 5 岁的孩子选书？

选择图画书，可以参考前面介绍的标准。这个阶段的孩子，对故事的理解能力会渐渐提高，不太复杂的经典童话、寓言、传说，渐渐都可以接受。但是如果有可能，还是应该多选一些单独成篇的图画故事，因为它们特别适合亲子共读。选择宜求精，不必过分求多，孩子即使反反复复听或读一本图画故事书，也是会受益无穷的。

在这个阶段，应该鼓励孩子发展自己的兴趣。在读书的兴趣和取向方面，孩子深受大人的影响。大人一方面应该选择自己真心喜爱的书，一方面也应该适当控制，不要让自己的趣味过多地限制了孩子的发展。在很多时候，大人说"我的孩子就是不喜欢某种类型的书"，其实，往往真正不喜欢的人是大人自己。

许多大人会在这个阶段加大培养孩子认字的"力度"。实际上，阅读起步较早的孩子会自然地表现出一定的识字兴趣，适当选择辅助识字的读物也是有益的，但请一定记住，相对培养阅读兴趣而言，识字是次要的事情。不要把图画故事书当作识字练习册，更不要让识字取代了阅读。

这个阶段，也是拓展孩子阅读领域的好时机。可以捕捉孩子的兴趣和热情，适时提供延伸阅读的素材。比如根据孩子的兴趣，选择相关的科普故事、知识性读物，帮助回答孩子的诸多"为什么"，刺激他更多地观察和探索。选择知识性读物，切忌片面追求大而全，应该着重考虑趣味性、合理性，而且应当是富于想象力的，最好还应该有较好的文学性。

第四章

5 岁以上儿童阅读

最常问的问题

　　为了让孩子喜欢看书，我真想了不少招数，可不知道为什么收效甚微？怎样才能让她尽快独立阅读？我的孩子马上就要上小学了，我该怎么给他买课外书？听朋友说多看书的孩子一般语文好，作文不发愁，是这样的吗？

75. 读书能提高孩子的口头表达能力吗？

问： 我儿子 5 岁了。从孩子还不会说话开始就天天坚持给他讲故事，但我讲得多，没有太注意让他讲。幼儿园老师说他的口头表达能力要加强，真让我苦恼！有什么好的建议吗？

答： 首先，是否乐意口头表达可能与孩子的性格和发展环境有关，如果要鼓励孩子多表达自己，不要单从阅读上找原因。有许多并没有多少阅读经验的孩子，也能表现出非常强的口头表达能力。喜爱表达的孩子，性格一般比较开朗，而且大人批评制止得少，鼓励得多。身边的人多能热情鼓励，经常有意识地与孩子交谈，也很愿意倾听孩子说话，所以孩子说话的自信心比较充分。

另一方面，亲子阅读活动的确也能大大促进孩子的语言发展，也包括口头语言的发展。从你介绍的情况看，你们日常的亲子阅读活动中，孩子参与得比较少。一般来说，孩子是非常乐于参与的，只要大人给予充分的机会。比如，读书时邀请孩子来翻页（这是最基本的一种形式），请孩子扮演不同的角色，或者你一句我一句，变换不同的形式，孩子通常会很有热情。在读书的中间或读过之后，用尽可能轻松的心情与孩子聊书，不要变成"我问你答"，而是随意聊聊书中有趣的事情，大人可以谈谈自己的看法，邀请孩子说说他的看法，但不必告诉孩子"标准答案"。因为实际上，每个人对书的理解都可以不同，从来就没有所谓的"标准答案"。另外，在邀请孩子发表意见时，也不要用催促、强迫的姿态，只要邀请得成功，他自然就会畅所欲言。总之，将孩子的表达变成完全轻松自然的事情，不要给压力。

76. 孩子读书不细致怎么办？

问： 儿子上小学一年级，他读书速度非常快，但读得不细致。该怎样在保护孩子的兴趣的同时鼓励孩子更细致地去读书呢？

答： 这需要父母多引导。孩子在最初阅读入门时，主要是为了一份很纯粹的乐趣。这是好事情，应该鼓励。不过，也因为这份乐趣，最初孩子在注意力上往往会只执

着于故事的情节，看明白情节就满足了。另外，基于纯粹的乐趣，孩子通常不喜欢大人以一种"考查"的姿态介入。

如果家长希望能帮助孩子将阅读向纵深发展，最好的办法是"和孩子聊书"，当然不是要每一本书都聊。父母也许没有精力和能力去阅读孩子的每一本书，但父母确实可以尝试从孩子的书中找到自己也感兴趣的书。当父母与孩子阅读了同一本书，有了共同的经验后，就变成"亲密书友"了。父母可与孩子以闲聊的方式谈谈那本书，可能会找到一种"共同语言"。当孩子独立读第一遍的时候，他可能只对这个故事的基本线索感兴趣，读完就完了。但如果在和父母交流的过程中，父母帮助孩子发现了其他更有趣的线索，常常能刺激孩子"再读一遍，再读一遍"。一般情况下，孩子是有兴趣重读一本书的。国外的一些阅读实验表明，孩子经过聊书后常常发现在聊书的过程中似乎"重读"了书，甚至有孩子感叹"没有聊过就像没有读过一样"。

77. 怎样利用书让孩子学到交往的方法呢？

问：**我的孩子 5 岁多了，一直上幼儿园，可和小朋友相处的能力很弱。上次家长会，班里的老师把我留下来专门谈了这事，还推荐了一些书让给孩子讲。怎样利用书让孩子学到交往的方法呢？**

答：图书会给孩子展示一个丰富多彩的社会：各种各样性格、品质的人，各种各样的人际关系，各种各样的交往故事……其中的话题也很广泛：分享、帮助、宽容、竞争、和解……凡是孩子可能遇到的交往问题，几乎无所不包。故事中无不渗透着待人接物的原则、规范，为人处世的道理，等等。孩子从中能够学会理解别人的意图、情感，处理自己的情绪，懂得与人相处的基本态度和方法，而所有这些，都会提高孩子的交往能力。

优秀的童书，没有说教的意味，说的都是孩子生活中的事，或者孩子心中的所思所想，而且它会从一个孩子的角度来看这些事情，把一个孩子对这件事情的反应淋漓尽致地描述出来。如果你想帮助孩子学习与人交往，让他多看看相关的童书会是一个不错的办法。

78. 是否孩子认字越多越喜欢看书呢？

问： 邻居的孩子虽然比我的儿子认识的字多，但不如我儿子喜欢看书，不知是否孩子认字越多越喜欢看书呢？

答： 最先要说明的是：不认字的孩子，也可以看书，而且看得不错；认字的孩子，也可能不看书，并且不太会看书。因为看书不仅是看书上的文字，更是理解书中所传达的信息和意义，从这些文字中吸取营养。有的人会认字，但是却不能从书中找到乐趣，无法体会文字带来的快乐，这样的认字能力，与阅读会有什么关联呢？

我们成人也可能会有这样的体验：满篇的字都认识，就是不知道说的是什么意思。字都认识，但同样可能看不懂书。所以，从阅读的角度来说，理解书中传达的意义，远比认识书上的字更为根本。而要理解书中传达的意义，认字并不是唯一的渠道。看图，也是看书；听父母读书，也是阅读。

所以，想让孩子开始阅读，认字并不是第一步，对书好奇、喜欢看图、喜欢听才是第一步。你可以把书上的图指给孩子看，并且给他大声读书，让他对书中的世界充满向往，愿意自己去发现书中的乾坤。

79. 男孩应该如何选书？

问： 我担心男孩读多了文学作品，会令他心思变得过于细腻、多愁善感。

答：能被经典作品的动人之处打动，"心思细腻、多愁善感"未必是坏事。也许等我们已经老得麻木，再也无法"心思细腻、多愁善感"的时候，回想起来，也许是宝贵的、令人向往的回忆呢！

此外，文学也未必都能与"心思细腻、多愁善感"挂钩。从整体上说，文学阅读是一种体验，一种超越人生命范围的延伸体验。不过文学阅读的体验是需要主动去做的，不像看电视、看电影那样可以被动地接受，所以文学阅读更需要一些耐心，需要一种安静状态，还需要保持对人、对事、对自然的敏感。这对于孩子人生的成长是很好的事情。

80. 女孩应该如何选书？

问：女儿快过 10 岁生日了，我想送几本书当礼物，不知道她会喜欢什么？

答：孩子的兴趣很难捉摸，不过大体上他们会关心与自己年龄相仿的其他人的事情，所以这类成长故事，即使不是特别喜欢，也会接受。

《女生日记》写的是小学 5 年级左右孩子的故事，孩子往往会喜欢读比自己大一些的其他孩子的故事。

适合作为礼物的儿童文学方面的书，我特别推荐一套新蕾出版社的"国际大奖小说"系列，分两辑共 8 本，推荐你可以选一辑送给她。这套书也是儿童文学作家梅子涵特别推荐的。

81. 读书能锻炼孩子的观察、分辨和创造能力吗？

问： 现在书店里有不少书的封面宣传语强调能锻炼孩子的观察能力、分辨能力和创造能力，书真有这种作用吗？

答： 图书中有丰富的知识和信息，它可以帮助孩子增长知识和见识，提高分辨能力。比如，"DK背靠背·儿童科学小丛书"描述事物的相反性质，像大与小、高与矮，让孩子了解到了观察、分析事物的各种角度，这能帮助他们分辨生活中的各种事物的性质。

比如，有一本德国的童书，讲的是姐弟二人都认为妈妈偏心对方：从姐姐的角度看，妈妈对弟弟很好，而常常忽略她；而从弟弟的角度看，妈妈对姐姐很好，对自己的要求却不够重视。因此，姐弟俩都对妈妈不满，都对对方有一肚子怨气。这本书把这两个截然不同的视角放在一起，让孩子有机会看到姐弟二人各自视角的局限，这很有利于孩子学会从不同的角度来分析一个观点。他们以后会遇到日益复杂的社会事物，非常需要这样一种从不同角度来看问题的思维方式。

但是，任何书本的知识，都需要与实际联系起来，才可能成为孩子能运用的能力。而"死读书"只能读出书呆子。所以，读书是需要的，但是更需要父母与孩子多交流，引导孩子把书中的知识用到实际中。这种联系实际的阅读，还能提高孩子的阅读兴趣。

82. 孩子会不会受到质量低劣的童书的负面影响？

问： 现在在书店里也会看到一些内容荒诞、插图粗俗和文字不通的儿童图书，我很担心万一孩子买了这类书，会不会受到不好的影响？

答： 如果我们担心孩子接触"不好的书"会受到不良影响，就要帮助孩子学会鉴别什么是好的，什么是不好的。因为担心孩子受影响，就不让孩子看到这些书，不是最终解决问题的办法，因为孩子终究要脱离开我们的监护，走向独立。

所以，问题的关键不在于他看没看到这些"不好的书"，而在于你能否帮助他提高鉴赏能力。就像想让孩子不得病，用不让他接触病菌的办法是不可行的，关键在于让孩子有足够强的抵抗力。

抵抗力的第一个来源，就是让孩子多看好书。图片精美，内容健康丰富，文字优美，又能从孩子的角度来叙述的书，不仅能让孩子喜欢，而且能培养出孩子看书的品位。好书见多了，看到不好的就容易鉴别出来。所以，这里考的不是孩子的能力，而是父母的品位：父母能否给孩子挑到好书。

另外，经常和孩子谈论书，是对孩子施加影响的很重要的途径。你认为这本书如何？这本书好在哪里？你对书中的人物和事情有何看法？其中哪句话、哪幅图片你最喜欢？你为什么喜欢？聊这些话题可以在随意之间让孩子了解你的观点，同时也让你了解孩子的看法。如果我们说的话有道理，孩子是能够听进去的。

当然，这还要看你和孩子的关系。如果孩子爱你、信任你，你的观点对于他就会有很重要的影响。

83. 如何让孩子通过读书变得懂事？

问： 我女儿 5 岁了，比起一般的孩子，自我为中心的意识可算是超级强烈。我很希望让她多看些书，让她变得懂事一些。

答： 童书中的故事，常常有多个人物，这些人物各式各样，性格不同，经历各异，看事情的角度也不同，因而常常会有相冲突的观点。

比如，有一套关于男孩女孩的书，其中一本说的是女孩子觉得男孩子讨厌的地方，比如，男孩总是闹哄哄的，喜欢养一些恶心的动物，身上脏兮兮，等等；另一本则说的是男孩子讨厌女孩子的地方，比如爱臭美，等等。这可真是帮助男孩子和女孩子们相互了解的绝好图书。

再比如，有一本《鳄鱼怕怕牙医怕怕》的图画书，从鳄鱼的角度和牙医的角度，分别描述了鳄鱼就诊的过程中双方的心理活动，生动有趣、惟妙惟肖。可怕的鳄鱼，居然会怕牙医！而可怕的牙医，也会怕鳄鱼！

这些书，可以帮助孩子了解别人的心理世界，了解不同的人对同一件事情可能有不同的感受和看法，从而试着离开自己的角度，从别人的角度来看问题。而这些，正是孩子脱离自我中心的关键。

84. 如何提高读书的作用？

问： 为了让孩子喜欢看书，我真想了不少招数，可不知道为什么收效甚微？

答： 鼓励孩子看书的最好方法是自己也爱看书，并且与孩子一起分享书中的乐趣。鼓励孩子看书不成功，最可能的原因之一就是父母要求孩子看书，但是自己却不爱看书。孩子看书没有什么功利性，最吸引他的是书中的乐趣。想让孩子爱上读书，最好从孩子当前感兴趣的内容入手，引导孩子感受阅读的乐趣。一旦他进入了这个丰富有趣的世界，他就会迷上它。鼓励孩子看书不成功的另一个重要原因，是父母从自己的角度出发，要求孩子看父母选定的书。这些书尽管可能是很好的，但也许并不是孩子当前感兴趣的东西，甚至超出了孩子能理解的范围。这样，可能不仅引不起孩子的兴趣，反而会让他感到看书是一件很无趣的事情。如果我们减少一点儿阅读的功利性，让兴趣来引导孩子，成功的概率就会大些。

85. 读书的量和学习成绩成正比吗？

问： 我的孩子比较爱看书，我期待着他将来能学习成绩优秀，读书的量是否和学习成绩成正比？

答： 只能说喜欢阅读的孩子是主动求知的孩子，是爱学习的孩子，他们一般都会有比较好的独立学习能力。阅读不仅能拓展知识面，而且阅读过程需要孩子积极思考，比如，需要把前后文联系起来理解一段话的含义，体会和理解文中的反语、比喻、言外之意，甚至体会某一个字词运用的精妙之处。此外，阅读还需要想象，需要把文字描述变成头脑中具体的形象。比如，读到描述孙悟空打妖怪的片段，就需要孩子把情景想象出来。最后，阅读还需要采用一些策略，比如，不理解的地方多看几遍，通过看目录或者大致浏览的方式查找自己关心的内容，等等。所有这些，都需要孩子有主动性，开动脑筋，发挥想象。

因此，不难理解，爱读书的孩子一般除了知识面广之外，还善于独立、主动地学习。虽然如此，孩子是否学习成绩好，还得看这个"学习成绩好"要求的到底是什么。比如，要求死记硬背的功课，成绩好坏与阅读就不见得有多密切的联系。另外，如果孩子的阅读面比较窄，比如偏文学类读物，那么阅读也不见得与孩子的总体成绩有明显的关联。

从目前的情况看，阅读的收获与现在学校教育的要求是存在差异的。但是，从长远来看，喜爱阅读、养成阅读的习惯，是父母送给孩子的能让他享用终生的珍贵礼物，它的作用也许不能立刻体现在孩子当前的学习成绩上，但是对孩子的长远发展是有益而无害的。

86. 怎样培养孩子想问题的能力？

问： 我的孩子喜欢读书，但是我发现他不太爱提问题，一本书读完也就读完了。请问怎样引导孩子通过读书培养思考问题的能力？

答： 阅读的过程实际上是很复杂的，需要人的想象和其他思考过程充分参与，需要借助语言的牵引，调动孩子记忆中的资源，去构想出书中所描述的世界。根据前后文的意思猜测字义、词义，这是一种思考；阅读的时候，通常会对后面的内容有所期待，比如，预期鳄鱼是不是咬着牙医的手了（《鳄鱼怕怕牙医怕怕》），伤残的小玩偶走进医生的诊室会看到一幅怎样的情景，等等，这也是一种思考；如果出现了意外的结果，孩子感到惊奇之余，会修正自己过去的一些理解，把整个思路理顺，这也是一种思考。此外，孩子自己会从阅读中提出问题，比如："猫为什么会不理睬那些讨好它的母猫？""为什么那只白猫不来讨好它，它却喜欢待在白猫身边？"（《活了一百万次的猫》），这些问题都很有趣，大人可以和孩子一起讨论。彼此交流书的内容，更是一种积极的思考。小孩子看书，更多的是看图，他们会仔细观察图中的细节，把这些细节联系起来，构成整个画面描述的情节。再后来，他们又逐渐学会把一张张图的情节联系起来，补充其中略去的部分，形成一个完整的故事。这些都需要孩子发挥想象和积极思考。

此外，科普、科幻、侦探的书，其中有丰富的关系分析和总结的过程，有伏笔，有悬念，孩子可以从中得到很好的思考训练。

87. 如何让孩子尽快独立阅读？

问： 我女儿 5 岁半了，目前已认识近 1000 字，平时总是让我念书给她听，就是自己不太愿意独立阅读，最多就是念一下书或故事的名字。我不知怎样才能让她尽快独立阅读？

答：阅读不等于识字。当孩子读图的时候，并不见得要认识很多的字。

说到读纯文字类读物，也存在一个孩子愿意与父母亲共享阅读乐趣的问题。如果她在和你共读的过程中，有一份文字之外的收获，这种共读，最好还是保留着。如果单纯讲到文字阅读中的生字问题，那么，如果生词总量不超过总量的10%，通过阅读能达到巩固和提高现有识字量的"目的"，就有利于培养出孩子独立阅读的兴趣和能力。

首先，我认为你不必着急，孩子毕竟才 5 岁半。你看我们使用了一个不同的字眼，你说她"已经 5 岁半了"，我说她"才 5 岁半"。对于一个 5 岁半的孩子，我们实在不能要求太多，否则适得其反。

其次，对"独立阅读"的理解，可能也有一点儿概念上的差异。估计你使用"独立阅读"这个词汇时，主要是指"孩子独立地阅读文字书"。如果耐心观察推想，孩子虽然识字量达到初级阅读的数量级别，但从阅读习惯和阅读兴趣来看，仍然更接近图画的阅读，在拿到书的时候，先"走马观图"，这是一种自然现象，类似天要下雨时蜻蜓低飞，本不足怪。一个人识字多少和一个人是否爱阅读没有必然的关系，不信我们看看周围那些"饱识汉字"的许多大人，没事独立阅读的又有多少呢？

88. 孩子何时可以开始自己阅读了呢？

问：我儿子快 6 岁了，记忆力很好，每每拿到一本书他都爱看图，却不喜欢认字，也不想自己读，这正常吗？我是否该引导他自己阅读了呢？

答：要是孩子的表现正好相反，那才让人更担心呢。我们来假想一下，假如 5 岁的孩子拿起一本无论图画多么美丽、多么有叙事能力的书，都一概只读文字，是应该担心，还是高兴呢？

孩子愿意通过图画来阅读也是挺好的，所以不必强求孩子去读书上的字，尽可能让孩子自由发展。家长应该坚持为孩子读，并时不时和孩子一起讨论书上一些有趣的话题。孩子乐于通过图画来阅读，应该鼓励。给孩子足够的时间和空间，他会像学会"读图画"一样自然掌握"读文字"的能力。大人的引导主要是帮助孩子巩固对阅读的热情，不断刺激孩子对书本身发生兴趣。

阅读图画，就是说从图画中读出故事、读出道理来，并非我们想象的那么简单。这需要大量的、反复的培养，而且需要尽可能少一点儿"以文字阅读为中心"的功利目的。作为父母，肯定都希望全面地发展孩子的能力，而不希望孩子生活在这个世界上仅仅为了能适应将来的"以文字阅读为中心"的考试体系。引导孩子阅读的过程中，应该多体谅孩子起步的困难，更加耐心地为他们留下更多的空间和时间，通过有趣的、反复的量的积累帮助孩子提高。

89. 如何让孩子区别电视剧和连环画的不同？

问：我儿子近来喜欢看电视剧《西游记》，我想给他讲连环画，可一讲到连环画的故事情节和电视剧不一样的地方他就会纠正我，说我讲得不对，这样我还给他讲吗？

答：阅读和看影视是不同的，如果同一作品有不同的形式，建议先看书再看电视或电影。孩子的确有这种先入为主的习惯。如果真的出现这种差别，应该怎么办呢？大人应该根据自己的理解，实话实说。比如换了我，我会告诉他，电视剧是改编的，而且我认为改编得不好，书上的故事才真正有趣（单就《西游记》而言）。我确实觉得《西游记》的电视剧和动画都改编得不好，特别是动画片，改编的水平实在太差了。在这方面，大人其实还是孩子的信息权威，遇到这类问题，我从来是毫不犹豫的。孩子会从大人的坚定态度中获得安全感。

90. 是否可以推荐一些较好的国内优秀儿童书？

问：我给孩子买的童书大都是从国外引进的，但我也希望多买一些国内的优秀儿童书，特别是利于吸收传统文化的，有没有这方面的好童书？

答：我们生活在一个国际化的社会中，外国的出版社可以邀请中国的作家、画家创作，中国的出版社也可以邀请外国的作家、画家创作。中西方的优秀童书得到了充分融合。就图画书而言，如果要推荐"国产"作品的话，大陆出版的图画书作品中有不少优秀作品，目前比较值得推荐的有：北京联合出版公司的《了不起的幼儿园》《想象》、接力出版社的《小狗巴利》、连环画出版社的《打灯笼》和新疆青少年出版社的《花公鸡》等。

91. 是否不论孩子兴趣有无变化，都应把一本书看完？

问：为孩子买了满满一架的书，但对于很多书，他才读了一部分，兴趣就换到别的书上去了。是否不论他兴趣有无变化，都应看完一本书才看下一本？

答：我认为孩子有时候也需要"饿一饿"。在阅读问题上，时常需要对孩子使用"饿一饿"的招数。比如，每天不要读太多了，明知孩子还有兴趣听下去，忍着打住，让他"饿一饿"，明天再接着"吃"，要么就自己去"吃"；买书也一样，明明有条件一口气买一堆书，但忍一忍，先弄几本来，这样做还可以吊吊胃口。有些好的书还可以留在后面，在特别的日子给予，或者作为一种奖励来使用。保持好胃口，比真的吃到了什么更重要。

92. 孩子投入过多的时间阅读好吗？

问：我儿子今年6岁，刚上学两个月，识字两千余，喜欢读书。早晨时间紧张还边吃

早点边看书，最后常常要跑着上学；下午匆匆忙忙地写完作业就趴在那儿看书。弹琴或打球都要讲条件，唯喜看书，看完了在床上还要演一段。我该继续让他这么看吗？

答：每个人都有阅读的兴趣，孩子也一样。从您的描述看，这孩子阅读很投入，这是一种难得的状态。我认为这种"爱书如痴"的投入劲头儿应该鼓励。每个人的喜爱都有自己的理由，孩子阅读的书不但是健康的读物，而且都是适合儿童阅读的读物中优秀的，甚至是经典的读物。建议大人有时间也读一读，这样可以多了解孩子，也能有更多机会与孩子聊一聊。引导往往从这"聊一聊"中开始。

93. 如何让孩子选到符合心意的书？

问：我儿子 6 岁了，为了让他喜欢上书，我常带他去家附近的书店，也允许他自己选一些书，但是孩子选的书常常不合我的心意，每次都会因此闹得不愉快，真不知该怎么办？

答：我们和孩子成长于不同的年代，身份不同，知识背景不同，看问题的角度当然不见得相同。我们关心的，是孩子能否从书中有所收获，无论是知识的，还是道德的，或者励志的。而孩子与我们的视角可能完全不同。他们的阅读也许更纯粹，更追求图书带给他们的快乐。你喜欢的他不见得喜欢，你看到的他不见得看到，反过来也是如此。有时你会发现，我们和孩子甚至使用的都不是同一种语言，彼此的对话简直是"鸡同鸭讲"。

况且，在一本内容丰富的图书面前，仁者见仁，智者见智，大人尚且无法意见一致，怎么要求孩子与你见解相同？孩子从来不在意大人看什么书，大人为什么非要孩子与自己"持相同意见"呢？

恐怕父母要拓展自己对阅读的理解。对一本书的理解，很难有"统一正确答案"；评价孩子读书的收获，也不要仅限于是否"学到知识、懂得道理、受到鼓舞"，孩子能从书中体验到一份心境、发现一份美丽、感到一份兴趣，哪怕只是看完后"很高兴"，都是一种收获。如果我们能从孩子的角度来看一本书，也许会更容易理解孩子为什么喜欢或不喜欢。

所以，就让孩子按自己的心愿选择那些他喜爱的童书吧。毕竟是他要看，而不是你要看；看书的时候，毕竟是他在思考，而你并不能替他思考。

94. 小学阶段的孩子如何选择课外书？

问：我的孩子马上就要上小学了，他要求我给他买一些书在家看，我该怎么给他买课外书？

答：一年级是正规学习的起始阶段，我们在这个阶段要做好低幼衔接，以温柔的心、温暖的手去迎接孩子们的到来。我们推荐的书可能和一般的成人的想法不同：成人觉得一年级要让孩子大量识字，但我认为阅读的基础并不一定是识字，而阅读图画也是很重要的能力，我们反对以孩子的阅读兴趣为代价，极度增加识字量的做法；许多成人觉得大量的知识很重要，但我们觉得爱和想象比知识更重要。一年级的孩子可以考虑阅读这样的书：

《文字的奥秘》：关于一些汉字来历的说明与故事；"阿罗系列"：充满想象力的经典图画书，拼音读本；《猜猜我有多爱你》：表达亲情之爱的经典图画书；《爷爷一定有办法》：充满智慧的经典图画书；《恐龙的温馨故事绘本》：表现关爱与理解的经典图画书；《小企鹅心灵成长故事》：抚育心灵成长的原创图画故事；"'我在这儿'成长阅读丛书"：著名儿童文学作家原创的入门插图故事，拼音读本；《小猪唏哩呼噜》：适合自己读也适合大人讲的幽默长篇童话；"阿嚏系列"（ABC 初级阅读丛书注音版）：特别适合孩子自己阅读的幽默童话。

95. 孩子阅读时只看缩写本就可以吗？

问：现在书店里有很多文学名著，我该不该给孩子买些来读？我担心他们看不懂，是不是看缩写本就行了？

答：如果是读文学类书，最好是读原作品而不是缩改本。优秀的文学作品除了有很好的故事情节外，还有很内在的一些东西，

通常是用精心创作的非常有个性的语言来表现。这些东西是很难"改写"好的。偶然也有例外，比如，英国的兰姆姐弟用散文的方式改写的《莎士比亚戏剧故事集》也是公认的优秀文学作品。

我不鼓励孩子读一般的改写本，但换一种形式例外，比如，将名著改成优秀的图画书、连环画，也可以诞生优秀的作品，与电影的道理相同，那是一种另外的艺术形式。

一年级的孩子能读懂"文学名著"吗？当然可以，不过那要看我们是否把儿童文学名著算在文学名著之列。自安徒生以来，世界上有许多作家专门为孩子写作，特别是在当代，这个领域划分得越来越细，几乎每个年龄段的孩子都有适合自己阅读的儿童文学名著，从内容到形式都很容易让孩子接受，而作品的内涵一点儿也不亚于"大人的名著"。另外，优秀的图画书也是优秀的文学作品，它们中也有"名著经典"。从这个意义上，我认为孩子应该多读原著。

96. 孩子需要循序渐进地读哪些书？

问：对于 6 岁的孩子来说，培养语感，积累词汇，从基础到提高，需要循序渐进地诵读哪些经典？

答：我认为无论什么年龄的人要培养语感，最重要的方法是：读。对于孩子来说有两个方面：一是为孩子大声读书，孩子的语感首先是通过对大人的模仿开始的；二是引导孩子自己大声读书，好书不厌百回读。

相对而言，后者有时是不容易做到的，特别是当大人比较急于实施的时候反而更难以做到。引导这么大的孩子朗读，应当想办法营造适合的环境，带点儿游戏的性质，而且我认为最好大人自己也能诵读。比如带孩子出去玩的时候，在路上一边慢慢欣赏风景，大人背一句，让孩子跟着读一句，不知不觉就会了。优秀的诗篇反复诵读，往往可以掌握很好的语感。还有就是给孩子讲故事，好玩的历史故事，结合着诵读。比如，孩子如果喜欢赤壁之战的故事，一定会喜欢读"大江东去"的。至于应该选择什么样的书来读，是否要选择经典来诵读，我认为这应该视个人的情况而定，既要看孩子也要看大人。如果大人自己就有很好的中文修养，既能理解也能在诵读中很好地把握一些经典的文本，无论怎样带着孩子去读可能都会有很好的效果，但是如果大人自身并不擅长，孩子也没有表现出明显的兴趣，我认为也不必勉强一定去诵读经典。阅读首先应该是一件愉快的事情，千万不要因为某个特定的目的把大人和孩子搞得那么累，反而损伤了阅读的热情。

97. 给孩子买书有什么窍门吗？

问： 现在书店里的书良莠不齐，各种名著像变魔术一样层出不穷，单单一个《格林童话》不下几十甚至上百个品种。有的书封面、印刷都做得很精美，但买回来一看竟然错字连篇。请问给孩子买书有没有什么窍门？

答：买童书与一般图书也有共通之处。首先对书的几个基本要素进行判断：出版社、作者、译者——这是构成书的最基本要素。比如，选《格林童话》，至少我们应该知道作者是德国的格林兄弟，那么如果是原著的翻译的话就应该有译者的大名。如果只是"编译"或"改编"的字样，编著者项含糊其词，这样的书就非常可疑。名著通常会有公认的好译本。比如，《格林童话》的译本首推魏以新的译本，人民文学出版社出版，其他的译本通常看出版社的态度是否严谨，比如，译林出版社、

中国少年儿童出版社的译本应该是可以信赖的。如果是童书，还特别要留意插画者，如《格林童话》有一个 21 世纪出版社的漫画故事出自法国漫画家马赞之手。所以说选书实际上是选出版社、选作者、选画者、选译者，有些编选的书也不错，关键是要看"编选者"。

98. 孩子无法完整讲一本书正常吗？

问：我每天都给孩子讲故事，可是亲戚朋友来了，每次让孩子讲故事，他都无法完整地讲出来，这正常吗？

答：有很多孩子喜欢重复听一个故事，重复翻阅一本书。看多了，听多了，很多孩子能够几乎一字不差地翻着书把整个故事重复下来。这靠了书中图画的帮助，也得益于多次重复形成的良好记忆。但这并不表明孩子具备了完整复述故事的能力。完整地叙述一个故事，不仅需要记住故事的每个情节和必不可少的细节，而且需要把这个故事的来龙去脉，也就是各个情节之间的逻辑关系理顺，还需要有好的表达能力，能根据自己理解的意思把语言组织起来。这对于 5 岁多的孩子来说是比较难的。

况且，小孩子看故事，通常会比较注意其中的细节，尤其是他感兴趣的部分，还不太会去注重故事情节和故事的整体结构。

所以不可对孩子提出过高的要求，强求孩子复述故事，让阅读成为一个负担，这样会减少阅读给孩子带来的乐趣，真是得不偿失。其实，随着孩子阅读经验的增长和认知能力的提高，长大一些之后，他的复述能力自然会提高。

99. 是否该引导孩子选择一类书？

问：我儿子 6 岁了，前一段时间迷上了一本漫画缩写版的《基度山伯爵》，但对于书中复仇的概念，他这个年龄段能理解和把握吗？我是否该引导着少让他看这一类的书？

答：在很多文学作品中，复仇的概念，被表现为一种以暴制暴的观念，与惩恶扬善的观念和自我保护的观念都不尽相同。这样的复仇概念，可能不利于孩子建立公正的观念，以及现代的道德、法律意识。

但是，因此而回避很多优秀的文学作品，也是没有必要的。一个少年看了某本书后犯了罪，就把所有罪责都推到这本书上，是极其不公平的。试想：看到过这本书的孩子很多，为什么别的孩子却没有犯罪？可能更根本的影响并不是图书，而来自图书以外。

孩子阅读的范围只要是丰富的、平衡的，而且还有成人与孩子对于书的交流，以及平时对孩子的道德规范、法律意识的熏陶，随着孩子认识能力的成长，社会经历的丰富，成人的价值观的潜移默化的影响，孩子终究会获得分辨是非善恶的能力。

100. 读书真的有利于写作文吗？

问：听朋友说多看书的孩子一般语文好，作文不发愁，是这样的吗？

答：学语文不仅是学文字，更是学语言所蕴含的文化。书籍无疑是文化的重要载体。优秀的文学作品都能滋养人的语文素养，而优秀的童书也是文学宝库中的珍藏，并且因为容易为孩子所理解和接受，所以更适合孩子阅读。

童书从孩子的角度出发，适合孩子理解和欣赏，更容易被孩子接受。孩子们为了知道书中的故事，会主动地去研究文字。所以，好的童书实际上能够大力地推动孩子学习语文。

优秀的童书，题材广泛，文字优美，有文化内涵，能让孩子在愉悦中体会文字的美妙、文字的力量，学习用语言表达。所以，童书是一个文化富矿、文字富矿，能够很好地滋养孩子的语文修养。

阅读加油站

怎样为 5 岁以上的孩子选书？

有的孩子在这个阶段已经掌握了足够多的字，但无论孩子是识字还是不识字，都不要放弃和孩子一起享受共读的快乐。有关图画书和其他读物的选择标准可以参见前面的介绍。

为学龄前到小学中低年级的孩子选择适合独立阅读的读物时，可以着重考虑这样几个问题：

●图书的形式。这本书看上去是否可以舒适地阅读？字体、字号怎么样？排版是否宽松？是否有容易让人亲近的插图（如果是图画书当然最好）？书是否太厚、太长？较长的故事，是否一段一段地断开？

●图书的内容。这本书的内容是否超出了孩子现有的理解程度？文字和词汇是否太深、太难？不要总是试图挑战孩子的能力，那会阻碍孩子的阅读热情。

●图书的亲和力。阅读是孩子自己的事情，在阅读问题上他有"一票否决权"，即使在大人看来孩子非常应该读的书，他如果不喜欢，强迫他读也不好。在可以选择的情形下，应该鼓励孩子直接阅读原著，不要选择那些所谓的名著"缩改本"。在孩子的阅读世界里，有一个非常丰富而且迷人的儿童文学世界，优秀的儿童文学作品在文学性和思想性上一点也不逊色于大人的文学作品，我们不必总是盯着那些成人世界的经典作品。